EL CIELO DE
FRANCESCO

YOHANA GARCÍA

EL CIELO DE FRANCESCO

OCEANO

EL CIELO DE FRANCESCO

© 2019, Yohana García. Reservados todos los derechos

Diseño de portada: Music for Chameleons / Jorge Garnica
Fotografía de la autora: Blanca Charolet
Maquillaje: María José Salgado Somohano

D. R. © 2019, Editorial Océano de México, S.A. de C.V.
Homero 1500 - 402, Col. Polanco
Miguel Hidalgo, 11560, Ciudad de México
info@oceano.com.mx

Primera edición: noviembre, 2019

ISBN: 978-607-557-098-3

Impreso en México / Printed in Mexico

A Dios, por dejarme manifestar cada idea
y cada sentimiento en este plano.

A mis padres, que me dieron la vida
y esta virtud de poder amar y escribir.

Quiero dedicarle este libro a mis hijos:
a Robert Dalí, por su nobleza y sabiduría que me deslumbran
cada día cuando juntos atendemos pacientes;
a Christian, quien siempre con sus ideas me lleva a reflexionar
y a divertirme como niña, y por ser mi compañero del alma.

A Leo, mi nieto, por ponerme el mundo de cabeza,
como todos los nietos que nos dan vuelta la vida, para bien.

A Marian Acosta, mi nuera, una gran terapeuta
en el tema del tarot.

Mensaje de la autora

Francesco es un ser de luz que he tenido la suerte de canalizar para difundir su mensaje. Cada palabra que ha quedado plasmada en sus libros me ha sido dictada por él. Ahora nos revela un cielo más intenso y pleno, que nos conecta con la fuerza de dioses de diferentes culturas, principalmente la egipcia, griega y hebrea, cuyas enseñanzas fueron la base de todas las religiones.

Este libro no es religioso, es espiritual, porque el culto verdadero consiste en vivir la vida honrando el presente para que en el futuro siempre se recuerde un pasado maravilloso. Quien sabe construir recuerdos, encuentra la manera de mejorar su historia.

Adéntrate en el cielo con la compañía de Francesco, y en la travesía recorre los espacios sagrados y conoce el lenguaje de los símbolos que nos transmiten una gran sabiduría.

Índice

Suéltate y confía en que sólo el tiempo tiene la verdad

Me llamo Francesco. Atesoro en mi alma toda la información del universo y también guardo en mi memoria los diferentes sentimientos que ustedes experimentan en el día a día, como los que ahora mismo estás sintiendo mientras lees. Y esto se debe a que, en distintos periodos, he tenido muchas vidas, tanto en la tierra como en el cielo. Entre una vida y otra, se da un proceso por el que siempre regresas a este último. Es como estar en una estación de tren: para ir a tu destino final, tienes que hacer una conexión con otra estación. Ahora mismo soy un espíritu, y me encuentro en el cielo.

Si alguna vez te has preguntado si de verdad existe el cielo, te quiero decir que ¡sí! Y es tan hermoso que no bastarían las palabras para explicarlo, porque, como todo lo que es grandioso, no puede describirse con nada.

Me imagino que en el transcurso de tu vida has visitado lugares tan bellos que, cuando querías fotografiarlos, por más que enfocabas la imagen y oprimías el botón, te dabas cuenta de que era imposible capturar la misma belleza que estabas observando.

¿Sabes por qué? Porque todas las bellezas del mundo contenidas en los paisajes y en los monumentos sagrados son un sello de Dios, y no hay forma de describirlas con palabras ni queda reflejada su grandeza en las fotografías.

Del cielo sólo puedo decirte que es un espacio inmenso, poblado de espíritus, luces, risas, charlas amenas y cantos. En él se dan reunión dioses y diosas de todas las religiones y culturas. No hay distinciones de credos, porque Dios es único: Dios es el Dios de todos, de toda la humanidad y de todos los tiempos. La riqueza espiritual y las enseñanzas son compartidas y completas. Los ritos, que podrían parecer distintos a los ojos de las personas en la tierra, convergen en una unicidad. Por todo ello, el cielo es precioso, es el paraíso...

Es una lástima que, en el planeta que habitas, las personas se peleen por creer en distintos seres elevados y por querer imponer ante los demás sus creencias. Se valen de su religión, sus dogmas y mandamientos para detentar un poder ridículo que no les servirá en el futuro para nada. No son otra cosa que excusas tontas para pelear. Los seres humanos son tan contradictorios, que muchas veces nosotros mismos también terminamos siéndolo. Cuando hablo de nosotros me refiero a todos los espíritus que vivimos en el cielo y que somos capaces de vigilarlos para ayudarlos, como los guías espirituales en que nos hemos convertido para ustedes.

Nos gusta mirarlos porque los amamos. Y también los criticamos cuando vemos lo que hacen o lo que dejan de hacer.

YOHANA GARCÍA

Cuando observamos que se comportan como no es debido, nos decimos: "¡No puede ser, ellos no aprenden!".

Aquí estoy preparado, con el amor más profundo, para enseñarte a que tengas más confianza en ti. Y sé que tú estás abierto con todas las esperanzas puestas en lo que vamos a aprender juntos.

Relájate, inhala... Deja que cada inspiración te lleve hacia el único aliento que existe... ¡la vida!

Quiero compartirte lo que estoy viviendo en este momento: hace apenas dos días llegué al cielo de nuevo y hoy me designaron ser cuidador de un bosque. De hecho, es la primera vez que veo uno aquí. Estoy realmente sorprendido y embargado por la belleza que tengo frente a mis ojos.

Recuerdo que en una vida anterior, aquí en el cielo, me regalaron un jardín precioso, con una finalidad que resultó totalmente reconfortante para mí: por cada buena acción que hacía alguno de mis seres queridos, se abría una rosa y debía velar por ella. ¡Me encantaba cuidarlas! Me sentía orgulloso de las buenas acciones de mis amores que se habían quedado del otro lado.

Alguna vez llegué a pensar que no era justo que las rosas permanecieran abiertas y firmes por tan poco tiempo. Y si bien las rosas viven más en comparación con otras flores, ellas son frágiles y yo deseaba que continuaran por siempre en mi jardín, pero se marchitan y deshojan rápidamente.

¡Las rosas son tan hermosas! que puedo hacer una buena comparación con la vida, que es igual de hermosa.

La vida tiene poca duración, lo mismo que las rosas. Si la persona llegara a vivir hasta los cien años no alcanzaría a cumplir ni siquiera la mitad de sus objetivos. La vida parece larga, pero en realidad es sólo un suspiro.

El recién nacido se tarda meses en acoplarse a la vida; duerme, come, llora, bosteza, se estira y se mueve. Toma su tiempo y su energía para crecer.

Luego se tardará otros meses para aprender lo básico: gatear, ponerse de pie, caminar, tropezarse o chocar con todo lo que tiene por delante. Poco a poco, los niños irán explorando su entorno con todos sus sentidos para ir descubriendo la vida, y alguna que otra vez correrán algún riesgo, como machucarse los dedos de la mano con la puerta o tocar algo muy caliente. Para ellos, crecer será toda una aventura.

Después tendrán que ir a la escuela, hacer tareas, portarse bien y aprender a jugar sin pelear. Saber compartir y competir, y también enojarse y llorar. Tendrán que desarrollar su carácter y quizá se vuelvan caprichosos. Aprenderán a medir cuánto poder pueden ejercer sobre sus padres.

Luego llegarán a la adolescencia, esa época en la que creerán que sus padres no saben nada de la vida, quienes tendrán que aprender a lidiar con su obstinación.

Cuando se hagan adultos y se casen pueden tener la suerte de ser padres, y entre ellos y los abuelos ayudarán a que los bebés crezcan. Así es como seguirá pasando el tiempo... Si estos padres llegan por fortuna a la vejez, se encontrarán en su máximo momento: esa etapa en la que por fin una persona se mira de verdad y en la que sólo le importa vivir cada día más sana y en paz. Convertirse en un anciano pleno, para que el día en que llegue a buscarlo la muerte, si las condiciones son favorables, tener un buen final. Entonces lo acompañarán a su sepelio familiares y conocidos, quienes le llevarán lirios, claveles, jazmines... y si hay algún ser querido generoso, le llevará rosas.

Así es como las flores se transformarán en ese símbolo de amor y respeto hacia el que ha partido.

Siempre me he preguntado: ¿por qué en los velorios o entierros sólo se lleva flores al difunto, y no perfumes o esencias? Y creo que la respuesta es porque las flores representan lo que es bueno y efímero, la maravilla del presente que hay que aprovechar porque se puede ir en un instante.

Son el símbolo más claro de la satisfacción del presente. Son la evidencia de que la felicidad no perdura siempre, y que lo malo tampoco, porque todo se puede ir en una bocanada de aire, como se puede ir la alegría del primer beso o la emoción de un abrazo largamente esperado.

Cuando miro todo desde aquí, en ocasiones he pensado en que no es justo pasarse toda una vida luchando para que al final sólo te reconozcan con flores, aunque tampoco sé con qué se podría reconocer todo un esfuerzo de vida. Por eso me pregunto a qué se debe que las personas sufran tanto por pequeñas tonterías. ¿O acaso no saben que hay que trabajar, interna y externamente, por un largo tiempo para lograr cinco minutos de éxito y de alegría?

Será que ustedes aún no se han dado cuenta de que se disfruta más el transitar del camino que la llegada en sí, porque ¡eso es la vida!: un tejido de tramas que a veces pareciera no tener forma, y sin embargo, un buen día, cuando menos se espera, aparece el sentido, el objetivo y el para qué. Así es la vida, como la flor que pone todo su empeño en abrirse y sólo dura unos pocos días su belleza plena.

Quizá por eso nos gustan tanto las flores: porque su belleza no pervive por mucho tiempo.

Es como el trabajo de un bailarín que aprende a dar sus primeros pasos de baile. Ensaya y sufre durante el proceso; se afana y al final sólo tendrá unos minutos para lucir en escena. Todo un esfuerzo de meses o años que culminará en unos instantes de exhibición maravillosa ante los espectadores. Al igual que ese bailarín, que se ha quedado con un gran sabor de boca después de su presentación que lo impulsará a esforzarse por más tiempo, otras personas se sentirán motivadas por un abrazo, y otras por un intercambio de sonrisas.

Si bien amo las flores, me gustan más los bosques: los árboles perduran toda la vida. Y cuanto más viejos, más fuertes, frondosos y resistentes se hacen frente a los cambios. Sin embargo, ellos tuvieron que esperar un largo tiempo para adquirir su fortaleza; son el fiel ejemplo de que quien se gesta en una larga espera, puede tener el éxito asegurado.

Y nunca se sabe cuándo una persona se está gestando. La mayoría de las personas, cuando están en ese proceso, creen que su vida está en pausa.

Hoy tendré acceso al bosque más increíble del cielo para ser su guardián. En él hay árboles representativos de la genealogía del mundo.

A otros maestros del cielo les han dado acceso a bibliotecas sagradas que se hallan en palacios de cristal, ubicados en lugares subterráneos, rodeados de lagos y cascadas.

En cambio, a mí me gusta estar al aire libre. Me gustan los bosques, sus veredas, sus olores. Cuando miro hacia arriba, veo las copas de los árboles que se mueven al compás del viento.

He visto árboles muy altos de troncos muy finos, y siempre me ha intrigado cómo es que no se quiebran cuando los azota el viento.

El bosque que han puesto a mi cuidado es bastante peculiar. Cada árbol representa la historia de todo un clan familiar, que reúne las reencarnaciones de sus miembros, según me dijo el maestro que me designó la misión. Entonces, a cada árbol van a parar las cartas que los seres humanos les han escrito a sus antepasados y seres queridos que aquí residen, en forma de espíritu. Sin saber a ciencia cierta lo que sucede con sus cartas, en el fondo de su corazón intuyen que hicieron algo bueno. Porque en ellas, las personas escriben sus sentires, frustraciones y esperanzas. Luego las queman o las llevan a las tumbas de sus difuntos. Estas cartas, en realidad, energéticamente van a parar al árbol que les corresponde, de acuerdo con lo que tenga que resolver cada persona.

Los seres humanos deben saber que siempre reencarnarán entre su mismo grupo, pero no sólo los seres queridos de sangre: se reencuentran los amigos y también los amores de pareja; y lo siguen haciendo durante varias vidas, ya sea para quererse o confrontarse. Es posible que esta rueda no termine nunca...

También en el cielo se reencuentran quienes se quedaron con ganas de amarse y que, en algún momento, se hicieron la promesa de reunirse aquí, para nacer juntos.

Y también están los que ya no quieren volver a verse, porque no tuvieron una buena relación y aún se guardan rencor. Entonces tienen que obedecer la ley: el que no aprende... repite la historia.

Todos los seres humanos o los espíritus que aquí residimos nos hallamos en diferentes etapas de crecimiento espiritual.

Los grupos de las personas conocidas están compuestos por 125 miembros, entre ellos parientes y amigos; hay además 25 integrantes más cercanos. Al conjunto pertenece la familia materna y la paterna, incluyendo los parientes de madre y padre. Todos los miembros conforman ese árbol de vida. Algunos integrantes serán más asertivos al tomar decisiones y otros se equivocarán, repitiendo errores y pagando culpas.

Pero equivocados o no, todos los miembros de la familia tienen más virtudes que defectos porque, de lo contrario, sus descendientes no estarían vivos.

Hay que saber reconocer los dones y las virtudes transgeneracionales para que los integrantes de cada clan familiar puedan sacarles el máximo provecho. Y ser conscientes también de que los antepasados que no fueron capaces de corregir sus errores los pasarán a las siguientes generaciones, para que ellas conviertan en aciertos esas discapacidades emocionales.

Y así se irá tejiendo una historia.

Como aquella en la que cada integrante de una familia se tiraba entre sí una papa caliente y le gritaba al otro: "¡Tómala tú!", y nadie podía tomarla entre las manos porque no soportaba el calor. De esta manera, se tira la papa a los otros descendientes, que tienen las manos preparadas para recibirla.

Estas historias llegan a repetirse hasta por seis generaciones. Una sola generación no basta para trabajar un conflicto y sanarlo.

Al llegar a los cincuenta años es cuando apenas se toma conciencia de cómo soltar rencores y abrazar amores. A los cuarenta años uno sigue tropezándose con la misma piedra, porque esta edad aún es corta en comparación con la sabiduría de los mayores; todavía uno se encuentra en el armado de su vida. En realidad, ha sido muy poco el tiempo invertido en crecer y poder ser asertivo en todo lo que se desea, en saber cómo llevar las relaciones sociales, familiares y afectivas. ¡Tener aciertos y mantener todo bajo control no es para nada fácil!

Una sola vida no alcanza para cumplir con todos los deseos. Es por eso por lo que las personas no dejan de reencontrarse en sus vidas próximas. Tendrán que seguir actuando en más escenas de este teatro de la vida para que en algún momento exista un buen un final.

Cada persona forma parte de un grupo familiar y, ya sea en una vida u otra, siempre pertenecerá al mismo árbol genealógico. Serán los mismos actores en diferentes roles, en actos idénticos o semejantes. Todo lo que viva una generación y no se sane, se repetirá en la siguiente.

Por esta situación, no queda más que pensar en el presente: lo que no soluciones hoy, la vida te orillará a que lo hagas; y si no lo haces, ella lo hará por ti cuando se le dé la gana y de la forma en que menos te guste.

Existen tantos árboles genealógicos que vivieron cielos e infiernos; peleas inútiles, malas reparticiones de herencias e historias mal contadas; amores incompletos o miradas recelosas, y pérdidas de vidas innecesarias.

Millones de familias que se lamentaron por haber tenido que abortar, y de seres que decidieron ser abortados.

Padres culposos por no haber podido hacer más por sus hijos. Padres que ignoraron el dolor de sus hijos al no protegerlos.

Asesinos físicos, emocionales y espirituales.

Todos los conflictos del mundo vividos por cada familia de un árbol genealógico que los representará con apellidos y blasones...

Voy en camino a recibir la llave del bosque. No entiendo bien cuál será mi misión, aunque confieso que me tiene entusiasmado.

Me gusta saber que conoceré varias historias del mundo. No creo que la felicidad que siento en este momento sea una cuestión de ego o de poder; pero, de ser así, la disfrutaré también. No debe tener nada de malo sentirse feliz por recibir algo inesperado y asombroso.

Me imagino que será una experiencia breve, significativa y de crecimiento para mí.

En cuanto entre en el bosque y reciba el aprendizaje, seguramente lo podré transmitir a quien lo necesite. Un maestro debe contar la historia de lo que sabe para que el otro pueda tomar este conocimiento, interpretarlo, digerirlo y transmitirlo. No sólo en beneficio propio, sino también para el de los demás.

Será importante que la experiencia buena que traiga el aprendiz pueda replicarla en otra persona, y al final no sepamos quién es el maestro y quién el aprendiz; y en el caso de que lo sepamos, no nos importe.

Lo importante es intercambiar este estado de sabiduría. Porque lo que no decides aprender en su momento, se pagará caro. La ignorancia es terriblemente costosa: hace la vida pedazos, como lo hacen las preguntas innecesarias.

Yohana García

Que el teje... no te maneje

¿Para quiénes tejes en la trama de la vida?
Cómo quedará la prenda siempre será
un misterio, hasta que queda terminada.

—¡Francesco! ¡Francesco!...

Francesco escuchó una voz familiar. Cuando se dio vuelta, se alegró al ver a su amigo Ariel, el espíritu que siempre lo había recibido en el cielo.

—No te vayas a reír, ¡pero no encuentro las llaves del reino del bosque! —dijo Ariel.

—¡Hola, Ariel, gusto en verte!

—Igualmente —contestó, impaciente, el espíritu—. Discúlpame que no te haya saludado. Creo que esta tarde ando todo atolondrado.

—Tal vez por eso no encuentras las llaves. Pero ¿por qué el bosque tiene llaves? —preguntó Francesco, algo intrigado—. ¿Es tan privado?

—La llave es un símbolo, es una manera de pedir permiso a las energías de los árboles; pero no lo mantenemos cerrado.

—Entonces, ¿podría entrar sin llaves? ¿Cierto?

—¡No, eso no lo puedes hacer! Sería como profanar la memoria de la naturaleza. Sí o sí, tienes que entrar con llave. Espérame unos minutos, seguro las encuentro rápido; no te desesperes.

Francesco rio y dijo:

—¿Desesperarme en el cielo?... No creo, no tengo por qué hacerlo. Ya aprendí a ser un espíritu centrado; comprendí que el secreto del conocimiento del universo está en saber esperar, estar en el presente; sé que hay un tejido y una trama. A eso estoy totalmente entregado —y agregó—: Te voy a esperar, sin desesperar.

En cuanto el maestro se fue a buscar las llaves, Francesco se sentó en el suelo, dibujó un corazón con una rama y recordó este cuento...

Aquella muchacha bella, ingenua y dulce, con rasgos de princesa, era una joven humilde que vivía de hacer artesanías, como todos los habitantes de la isla en la que vivía. Cada tanto, se iba a la orilla del mar a bordar las mantas que vendía a los turistas.

Una tarde del mes de enero, mientras realizaba sus labores, algo sucedió: el mar estaba más embravecido que de costumbre, y ella más tranquila que de costumbre. Vino una ola gigante que la envolvió y la revolcó. Dio varias vueltas dentro del mar hasta que, con un esfuerzo sobrehumano, pudo salir del bravo remolino y llegar exhausta a la orilla.

Todavía un poco mareada, se alisó la ropa. Cuando pudo levantar la mirada, vio a una señora vestida con una larga túnica blanca, que la observaba.

La señora le preguntó:

—Muchachita, ¿cómo estás?

—¿Dónde estoy? —preguntó a su vez la chica.

—Estás en la isla de Barren, niña. Quédate tranquila, estás en un lugar bonito y seguro. Aquí los isleños vivimos de la pesca y del turismo. Todas las mujeres trabajamos tallando madera, que juntamos de las ramas que caen de los árboles cuando son arrancadas por los huracanes. Con ellas hacemos lindas figuras que vendemos como artesanías, y nos dejan dinero para vivir. Si me ayudas, podrías tener trabajo, y con él ganar lo suficiente para comer y buscar un techo donde vivir.

La chica se sacudió el cabello, se refregó los ojos para verla con mayor detenimiento y le respondió:

—Señora, disculpe, pero yo sólo sé bordar.

—Querida, aquí no podrías bordar, no tenemos telas ni hilos. Sin embargo, todo lo que hagas con la madera te traerá dinero, es la única materia prima con la que contamos. Pero no te deprimas, ven conmigo —le dijo, estirándole la mano para ayudarla a levantarse—. Te enseñaré cómo hacerlo. No tengas miedo, sé que estarás bien.

A la pobre muchacha no le quedó otra opción más que acceder. Tomó la mano de la señora, se levantó y caminó junto a ella en silencio. Llegaron hasta la cabaña de la mujer, donde comió algo y se dispuso a descansar.

Al transcurrir de los días fue aprendiendo el nuevo oficio y tanto le gustó que no tuvo tiempo de extrañar los bordados que había hecho desde pequeña. Se sintió cobijada en su nuevo lugar. Eso sí, no perdió la costumbre de trabajar en la playa a orillas del mar: todos los días se llevaba unos trozos de madera para tallarlos mientras esperaba el atardecer.

Fue pasando el tiempo, y se sentía cada vez más feliz en

esa isla y con su gente. Pero una tarde, casualmente en el mes de enero, sintió una extraña nostalgia. Entonces miró al cielo: se avecinaba una tormenta. Pensó que sólo tallaría un elefante más, y se iría a su casa.

Pero la tormenta no le dio tiempo de terminar; se presentó inclemente hasta que se instaló con furia, y de pronto una ola gigante la arrastró. Mientras giraba debajo del agua, se preguntaba cómo era posible que esta situación se presentara otra vez.

Lo que ella no sabía es que las historias se repiten, nos gusten o no.

Sólo que esta ocasión casi se ahoga. Tuvo suerte de que el mar junto con el viento la llevaran a una orilla rápidamente. Al salir del agua, respiró como pudo, se esforzó para tomar más aire, hasta que al fin pudo levantarse.

Se sacudió el pelo y se acomodó la falda. En ese momento, vio a una señora que caminaba en dirección a otra orilla. Se apresuró a llamarla, y la señora, al verla en ese estado tan deplorable, se regresó para auxiliarla.

En cuanto se acercó, sacó de un gran bolso una cantimplora con agua y se la dio.

—Mi niña, ¿por qué estás aquí?

—No sé —dijo temblando—, estaba en la playa de una isla y una ola me arrastró. No es la primera vez que me pasa. Necesito regresar, pero no sé cómo hacerlo.

—Aquí no tenemos barcas. Vivimos de lo que vendemos. Hacemos artesanías con caracolas y sólo una vez por mes pasa un señor en una canoa. Se las lleva para venderlas en los pueblos más cercanos, pero su canoa va repleta de las artesanías que recoge en otras islas, y no quiere transportarnos en ella. Dice que trasladar a personas es una responsabilidad que no está dispuesto a asumir. Creo que tendrás que quedarte aquí, porque no encuentro otra salida.

—Pero yo no sé hacer esas artesanías —comentó, algo apesadumbrada.

—¡Yo puedo enseñarte!

—Pero aprender un oficio nuevo, cuando apenas vengo de aprender otro, ¡no es justo!

—¿Y quién te dijo que la vida es justa? —le respondió la mujer en un tono dulce—. La vida puede parecer justa sólo si te adhieres a los cambios que ella nos impone día a día; si puedes aceptarlos con flexibilidad y, a la vez, logras encontrar en ello un alto grado de humildad. Sólo entonces el cambio será fácil y le encontrarás el lado positivo. Si no te obsesionas por mejorar tu vida, ella la mejorará a su modo. Y, recuerda, a veces te cobrará lo que dejes de hacer.

—No creo que me cobre más de lo que ya me ha cobrado —dijo la muchacha—. Toda mi familia desapareció durante un maremoto. Estoy sola, apenas he logrado subsistir. Para colmo, en dos ocasiones una ola me ha revolcado llevándome a lugares desconocidos.

—Mi niña, da gracias de que estás viva.

—Sí le agradezco a Dios, aunque le confieso que no lo hago siempre —dijo titubeando. No lo hago siempre porque estoy enojada con mi destino.

—Entonces, ¿qué quieres hacer? ¿Eliges no aprender y esperar a morirte de hambre, o te enseño lo que hacemos aquí?

—Enséñeme, por favor. Creo ser buena alumna. Además, me ha dejado en claro que no me queda otra opción.

La señora tomó unas caracolas pequeñas que yacían en la arena. Sacó unas cuentas de una bolsita que llevaba en su bolso y al poco rato había hecho un lindo ratón.

—¿Tienes ganas de hacer uno? —preguntó la señora, mostrándole la bolsita de cuentas y pegamentos. También sacó una cajita con nueces y le convidó—. Come, debes tener hambre.

La muchacha empezó a comer lentamente mientras pegaba los pedacitos de caracolas; parecía entusiasmada hasta que de pronto se puso a llorar.

—Entiendo lo que sientes, estás cansada. Mañana estarás mejor.

—¡No! —dijo la muchacha—. No estoy cansada por hoy, es cansancio por estar en la vida. Esta tristeza y desilusión que siento no se me van a pasar durmiendo.

La señora la abrazó y dejó que las lágrimas de la muchacha mojaran su vestido. Sabía muy bien lo que sentía la chica, porque si había algo en lo que la mujer era experta, era en sufrir injusticias.

La muchachita secó sus lágrimas con un pañuelo que le dio su nueva amiga.

—¿Cómo te llamas?

—Celeste.

—Mucho gusto, Celeste, soy Sara. Mis allegados me llaman Sarita.

Ella extendió su mano para saludarla y le dijo que tenía una hermosa túnica.

—Cuando tengas ganas, te podrías probar uno de mis vestidos y te lo regalaré. Ahora vamos a mi casa donde te daré algo de comer. Tomarás un baño caliente y mañana seguiremos hablando. ¿Qué te parece?

Celeste accedió y acompañó a la mujer a su casa. Le hizo ver su agradecimiento tallándole un elefante de madera con unas ramas que encontró en su jardín, y luego de contarle algunas historias de su vida, cayó rendida en la cama.

A los pocos días, Celeste regresó a la playa y comenzó a hacer artesanías con las caracolas. Se sentía muy feliz.

Y una buena tarde del mes de enero, mientras estaba armando ratoncitos con caracolas a la orilla del mar, una ola gigante se la llevó y la arrastró a otra playa.

En esta ocasión, mientras estaba bajo el agua perdió la conciencia. Pero como los milagros existen, se salvó de no ahogarse. Al fin se despertó en una playa. No tenía energías ni para abrir los ojos.

Las repeticiones en la vida cansan, agotan, se dijo, mientras se retiraba la arena de los ojos. En cuanto pudo respirar con normalidad y recuperarse, se preguntó: *¿Y ahora qué tendré que aprender?, ¿adónde iré a dormir esta noche?, ¿a quién tendré que ayudar?*

En ese momento...

Se acercó un hombre, alto y fornido. Tremendo susto sintió la chica al verlo. Siempre habían sido mujeres quienes se habían aproximado a rescatarla, jamás hombres.

El señor se inclinó para mirarla de frente y le preguntó:

—¿Qué te pasó? ¿Estás bien?

Ella sentía vergüenza de contarle lo que se había vuelto en su vida un evento recurrente. Pero reunió el valor y le narró al hombre todas las veces que había perdido lo que quería y tenía, y todas aquellas que había aprendido a través del dolor. No se refirió a las artesanías, que sabía hacer bien, sólo le mencionó las ocasiones en que las olas la habían llevado a orillas de otras playas.

—¿Cómo te llamas? —preguntó el hombre.

—Celeste.

—¿Sabes bordar?

—Sí, sé hacerlo muy bien.

—Por casualidad, ¿sabes tallar madera?

—Sí, lo sé hacer perfectamente.

—¿Y sabes hacer artesanías con caracolas?

—Sí, las aprendí a confeccionar en la última isla en que estuve —respondió ilusionada. Se sentía feliz porque, por primera vez, no le mencionaban que debía aprender un nuevo oficio. Se ilusionó al pensar que algo había cambiado en su suerte.

—¿Te animas a armar una carpa? Si sabes utilizar telas bordadas, tallar la madera y hacer adornos, tienes posibilidades de casarte con el príncipe, que es el dueño de la isla.

—Pero ¿si el príncipe no me gusta? ¡Yo no seré su esclava! Si mi trabajo fuera de su agrado, le haré una propuesta a cambio: le solicitaré que me saque de aquí. Pero casarme con él, ¡no! Eso no lo haré, no lo conozco y no sé si él me va a gustar.

El hombre rio y le dijo:

—¿Por qué no haces lo que te propongo y luego ves qué te hace más feliz: casarte o irte?

A ella le pareció una buena idea y cerró el trato.

Al día siguiente, Celeste puso manos a la obra y trabajó sin descanso. Pudo armar la carpa en menos tiempo del que había imaginado. Cuando la terminó, hasta ella misma se admiró: ¡le había quedado realmente hermosa!

El hombre le notificó al príncipe y a la población entera. Todos los isleños fueron a ver el suntuoso castillo artesanal.

Apareció el príncipe, bello, noble de corazón, un hombre verdaderamente apreciado por todos. Cuando vio lo que había hecho la muchacha quedó sorprendido, pero aún más cuando admiró la belleza de la joven.

En cuanto cruzaron la mirada, ambos se enamoraron. Al poco tiempo se casaron y Celeste se convirtió en una princesa feliz.

En el preciso momento en que Celeste conoció al príncipe, entendió que Dios, sin duda, es dueño de una gran imaginación.

La trama es la trama. Las personas hacen miles de cosas —ya sean locas, inútiles, lindas, bellas—, y en el transcurso del baile —que es la vida misma— creen que los movimientos que aprendieron no sirven para nada. Esta mala apreciación se debe a que no ven los resultados deseados en el momento esperado. Pero llega un día, cuando incluso ya nos hemos olvidado del objetivo de por qué hacemos las cosas, en el que por arte de magia aparece el milagro.

Sólo cuando se suelta la esperanza del resultado deseado, surge la magia.

Aparecen el príncipe, la princesa y el reino.

Aparece la vida invitándote a que te deleites con el mejor pastel, incluida la cereza y la crema.

Nos pasamos toda una vida tejiendo, para que al fin, cuando menos lo esperes, queda el vestido hecho a la medida de cada sueño.

Dios es un buen carpintero

Ama los árboles y a las personas, y a estas últimas mucho más porque él sabe de qué madera está hecho cada uno.

—¡Aquí está la llave! Francesco, ahora puedes entrar y recorrer el bosque… ¡Disfrútalo!

—Muchas gracias, Ariel. Me dio gusto verte otra vez. Por casualidad, ¿sabes cuál es mi misión aquí?

—La misión tendrás que descubrirla tú.

—Entonces ¿no tengo ni una pista pequeñita? ¿No me podrías dar alguna indicación?

—No, no tengo indicaciones —dijo el maestro, riendo—. No seas flojo, descubre la misión poco a poco. Además, no creo que te vayas a perder en el bosque; y si te pierdes, ¿qué podría pasar? Lo peor sería que comieras una de las manzanas que Eva le dio a Adán.

—¿Ese árbol también está aquí? —preguntó Francesco, ingenuamente.

El maestro sonrió, le dio la llave y le deseó buena suerte. Al irse, con sus pies descalzos borró el corazón que Francesco había trazado en el suelo con una rama, mientras recorría mentalmente el cuento.

A medida que Francesco se adentraba en el bosque se asombraba por la grandiosidad de los árboles. Los había enormes, de un verde intenso, con gruesas ramas y troncos que daban cuenta de su longevidad, porque ellos son los guardianes de la memoria de la humanidad.

Algunas de las veredas que conducían al bosque formaban laberintos en espiral, parecidos a los caparazones de los caracoles. Este diseño se debía a la propia sabiduría de los árboles, cuyo propósito era crear conexiones de comunicación entre ellos. Hay que saber que todo lo que tiene una forma circular contiene en sí una energía extraordinaria, como el símbolo del infinito ∞, que muestra cómo ésta viene del universo y regresa a él; y lo que no circula está condenado a morir. Por eso, los laberintos creados a partir de geometrías sagradas son capaces de transmitir un gran conocimiento a quienes los transitan.

Si hay algo que mantiene una energía alta son los árboles, tanto en el cielo como en la tierra. Da júbilo mirarlos cuando se visten de hojas; o cómo al empezar el otoño y se deshacen de ellas, forman una mullida hojarasca, que es como un colchón en la tierra. Y qué decir cuando se pisan las hojas secas: crujen y suenan como quien come galletas crocantes. Esos lindos crujidos despiertan a los duendes, quienes siguen a las personas que alegremente van caminando por el sendero del bosque. Además, el aroma que despiden siempre nos trae buenos recuerdos. Como el fresco olor del eucalipto, que nos evoca aquellos inviernos en los que se quemaban sus frutos en la chimenea.

En este bosque hay unos árboles singulares: son enormes y a su alrededor se ha formado una zanja profunda, donde van a dar las cartas que la gente les dirige a sus seres queridos.

Como a últimas fechas en la tierra ha habido cambios significativos en la conciencia de las personas, y ya no acuden a las iglesias o templos para rezar por quienes atravesaron el puente de la vida como lo hacían en tiempos pasados, ahora les escriben para pedirles ayuda y agradecerles por haber sido parte de su existencia. También les confían que no quieren repetir más sus historias; se han dado cuenta de que, por más que lo intentan, consciente o inconscientemente volverán a repetirlas. Exactamente igual a como lo hicieron sus antepasados.

Están escritas con la desesperación de quien quiere cercenar lo que ya no desea. En ellas les suplican su permiso para renunciar a ser parte de ese clan de suicidios físicos o simbólicos, de carencias económicas o amorosas. Les piden la fuerza necesaria para poner fin a abusos de todo tipo. Cuando las personas concluyen sus cartas, sin importar el ritual que elijan, ya sea quemarlas o simplemente romperlas, surge una condición energética: la esencia de esos escritos se materializa aquí, al tiempo que se desmaterializan en la tierra.

De esta manera, las cartas van a parar a un buzón rojo ubicado al lado derecho del portal principal del cielo. Justamente donde se despiden las personas que nacerán. Y una vez al día, uno de los maestros las recoge y las coloca en un tractor amarillo, como los que se usan para las obras en construcción, y las lleva a los árboles.

Cada árbol representa una historia de vida y en su zanja se depositan las cartas para que la petición a los antepasados se transmute en energía reparadora. Pero las cartas no se entregan en los árboles genealógicos a los que pertenece esa familia; en realidad, para distribuirlas, se toman en cuenta las situaciones que provocaron ciertas creencias o sentimientos no deseados. Así, cuando las personas cuentan en sus cartas que se sienten solas, irán a parar al árbol del amor. Cuando suplican que se terminen los abusos en su clan familiar, se depositarán en el árbol de la justicia. Y las de aquellos que no pueden tener hijos, se dirigirán al árbol de la fecundidad.

Mientras tanto...

Francesco seguía asombrado por la belleza del bosque. Él será el guía del lugar, el que contiene la historia del planeta tierra, porque hay otros planetas, otros cielos y otros bosques.

Éste es el bosque de todos los tiempos: desde el comienzo de la humanidad hasta el de los últimos días, porque en realidad el tiempo no existe en el plano espiritual, como tampoco en el plano físico. Todo tiempo es el mismo siempre.

Además, cada persona tiene un ser espiritual: su doble cuántico, que vive en un mundo paralelo, ubicado en un punto intermedio entre el cielo y la tierra. Es el sexto cielo y se le llama el *campo monádico*. Lo que la persona vive en el día a día, sus situaciones, circunstancias y los lugares donde se encuentra, se repiten exactamente igual.

No se sabe a ciencia cierta si en el cielo transcurre la verdadera vida y su doble está en la tierra, o viceversa. Pero sí me he dado cuenta de que en este campo monádico se puede ver el futuro de la persona que está en la tierra, porque aquí el tiempo es más acelerado; por ejemplo, un día en el cielo representa un año en la tierra. Es como si aquí existiera el futuro de la vida de esa persona y que las decisiones del destino ya estuvieran tomadas por este campo.

Francesco, al caminar, se preguntaba si se podría alterar el destino, porque tal pareciera que ya estaba perfectamente escrito. Y exclamó para sí mismo:

—¡Ay, los tiempos, qué tema!

Es el tiempo de Dios.

Francesco sabe bien que en la tierra el tiempo se mide en segundos, minutos, horas, días, años... Pero ahora que conoce cómo se comporta Cronos con la mente humana, piensa en lo difícil que es estar a la espera de las horas y los días. Sabe que la vida de las personas está colmada de ilusiones o de proyectos que, por algún motivo, no logran culminar y culpan de ello al tiempo. Ese tirano que no es tal, como se cree; no existe como lo perciben los seres humanos.

Mientras seguía reflexionando, Francesco guardó lentamente la llave del bosque en su manta y se percató de que pesaba. Entonces dijo para sí: *¡Qué raro!* Porque en el cielo todo era liviano. Se sentía extraño con la llave dentro de su manta. Y pensó que, sin duda, se debía a que cargaba el peso de la historia.

Los libros de las bibliotecas sagradas nunca me pesaron. ¿Será que me estoy volviendo viejo?, se dijo, riéndose. *¡Claro, es eso!...*

De pronto, dirigió su mirada a la reja de entrada al portal del bosque. La vereda era de tierra rojiza, brillante; nunca se imaginó que podría conocer un nuevo color. Mientras avanzaba hacia ella, se alegró al hacer crujir con su paso las hojas secas, cuyo sonido le trajo a la memoria su última vida cuando recorría los bosques junto a su maestro. Sintió algo de nostalgia al recordar, en ese momento, su historia con Camila, su alma gemela, con quien había tenido numerosos reencuentros a lo largo de varias vidas, algunos maravillosos y otros no tanto. También le recorrió una sensación de cariño al rememorar el apego que sintió por su esposa, que lo había acompañado en varias vidas. Aunque acudían a su mente su figura y su voz, olvidó por un instante su nombre, hasta que finalmente lo recordó: "Elena".

En un momento se cuestionó, con la seriedad que requería el caso, si era mejor la vida de la tierra o la del cielo y no supo cuál elegir, porque los dos estados del alma eran realmente memorables.

Ya sea en el cielo o en la tierra, la vida es difícil, en todos los aspectos; sobre todo porque hay que ganarse un lugar, dondequiera que estemos. Y quizás en el fondo de nuestro corazón no queremos crecer, queremos ser niños siempre. Pero sin importar el estado que se esté viviendo, uno debe adaptarse para crecer.

En el cielo hay mucho trabajo que hacer. Y si bien no existen carencias ni apegos, aquí sentimos preocupación por las personas; ellas parecen estar indefensas en ese planeta que Dios creó para que fuera habitado por seres felices. Todos han sido creados para esta aventura sagrada que es la vida. Y muchas veces ellos la desperdician por dejar todo para mañana o por desesperarse al no tener lo que desean, en el momento que quieren. No sé si volvería a la vida. No estoy muy seguro, tendría que meditarlo un poco más...

Si tuviera que contar cómo es la vida en el cielo jamás terminaría... es tanto lo que tenemos. Pero la verdad es que tanto en el cielo como en la tierra hay mucho por hacer.

Mientras seguía reflexionando, observó el árbol más grande del bosque. Se acercó para acariciar su robusto tronco y sintió unas repentinas ganas de abrazarlo. Mientras lo hacía, sintió algo frío; entonces se dio cuenta de que cada árbol tenía clavado en su tronco un sobre de bronce en forma de corazón, y dentro de él había un papiro escrito con tinta roja donde se describía el tema del que se ocupaba.

Siguió caminando, hasta que encontró el árbol de la salud. Era frondoso, con tonalidades brillantes y la copa se erguía majestuosa con un verde oscuro; a todas luces era imponente. Como los otros árboles, tenía una zanja que, se imaginó, contenía una infinitud de pedidos de sanación. Estuvo tentado de estirar su mano y levantar alguna de las cartas para leerla, aunque no se atrevió porque estaba seguro de que no estaría bien hacerlo. Pero como no le habían dado instrucciones de qué hacer o qué no hacer en ese lugar...

Mientras miraba al fondo de la zanja los miles de cartas, le vino a la memoria que en una vida anterior había leído un sinfín de ellas, cuando fue siervo de un gran guía espiritual en la India. Su misión era reunirlas y leérselas a su maestro, y aquellas que no alcanzaba a leer debía colgarlas en el árbol de los deseos para que recibieran la magia esperada por los fieles. Francesco sabía que ese árbol también tenía poderes, porque cuando el maestro era pequeño había dormido bajo su sombra. Seguidores y devotos de todo el mundo visitaban su ashram, y en el momento en que el maestro pasaba en silencio a su lado, le entregaban las cartas que ellos mismos habían escrito...

Cuando Francesco se las leía, o con sólo tocarlas, el maestro realizaba el milagro que le pedían; todo lo que las personas solicitaban se les concedía. Con sólo tener contacto mental con la misiva, llegaba a sanar a una persona, por ejemplo.

El maestro, además de recoger las peticiones, solía materializar cenizas para depositarlas en las manos de sus devotos. Lo hacía con el fin de que entendieran que al final de la vida sólo somos eso, un puñado de cenizas. Pero también tenía el poder de materializar lo que deseara: anillos de brillantes genuinos o colgantes. Sobre éstos, decía que los hacía aparecer porque las personas son tan incrédulas que sólo creen en lo que ven o tocan. Ese maestro poseía una sabiduría maravillosa. Afirmaba, además, que Dios era un gran artesano porque nos había dado forma y vida con barro.

Francesco estaba en contacto de nuevo con el tema de los árboles y las cartas, con la diferencia de que ahora no tenía instrucciones sobre qué hacer, ni sabía si las cartas estarían ayudando a alguien, o si este momento podría ser un recreo en su vida. De pronto, se percató de que también este árbol tenía clavado el sobre de bronce con el papiro dentro. Dudó en tomarlo para leerlo. Decidió, en cambio, ir a buscar a algún maestro que lo orientara. Lo buscó por muchos lugares hasta que por fin lo encontró.

Agustín era uno de los maestros más queridos de Francesco. Ahora, más que un maestro, parecía un trabajador de la construcción.

—¡Hola, Agustín, cómo estás! ¿Qué haces con ese tractor?

—Francesco, ¡qué gusto verte otra vez por aquí!

—Igualmente, Agustín. Espero ahora quedarme más tiempo. Me cansé un poco de ir y venir; creo que los periodos entre nacer y morir han sido breves y siento que me merezco un poco de paz.

Los dos se rieron y Agustín le dijo:

—Me da gusto que seas el guardián del bosque, así podremos vernos seguido. Como te habrás dado cuenta, soy el encargado de llevar las cartas a los árboles. No es una labor divertida, pero sí interesante. Debo estar concentrado, no vaya a ser que las deje en el árbol equivocado.

Francesco, lo escuchó con atención y le preguntó:

—Y si te equivocas, ¿qué pasaría?

—Te pondré un ejemplo: si una persona escribe una carta en la que renuncia al abuso que vivió y yo la deposito erróneamente en el árbol de la soledad, la persona experimentará soledad y, si algún día se da cuenta, tendrá que redactar otra vez una carta declinando a la primera situación.

—Entonces, ¡sí que tienes que estar atento! Porque, si por tu culpa las personas tropiezan dos veces con la misma piedra, tendrías que pagar el karma.

Y los dos se rieron con ganas.

—¿Cómo clasificas las cartas?

—En cuanto llegan al buzón, las cartas energéticamente se ordenan por los distintos conflictos y situaciones; luego yo las retiro y las llevo a los árboles correspondientes. Creo estar haciendo un buen trabajo porque hasta ahora no me he equivocado. Y tú, Francesco, ¿qué me cuentas?

—La verdad, estoy algo confundido. Me dieron la llave del bosque porque seré su guardián, pero no sé más. Ignoro si puedo leer las cartas y los papiros, o si mi trabajo se limita a cuidar de los árboles y barrer las hojas del suelo. Lo que sí me dijeron es que no debo preguntar cuál es mi misión y que mi tarea consiste justamente en descubrir lo que me corresponde hacer, pero estoy un poco ansioso. Como no he recibido más instrucciones, ¿cómo sabré si estoy haciendo las cosas bien? Mi temor es que, si muevo algo, altere una historia de vida. Si las personas ya cargan su propio karma y yo, encima, les mezclo todo...

Agustín, muerto de la risa, le dijo:

—¡Claro que puedes mirar lo que hay escrito en las cartas! No tienes por qué no hacerlo.

Francesco le agradeció el consejo y le externó sus dudas:

—Me pregunto qué será más efectivo para los seres humanos: ¿escribir estas cartas como un acto de fe o de ayuda a sus antepasados, o que le pidan directamente a Dios lo que necesitan?

—¿Tú crees que Dios puede estar atento a todo?

—¡Pero Dios está para todos! —exclamó Francesco.

—Yo creo que este dios, no. Este dios que tenemos aquí, definitivamente no —dijo Agustín, un poco irónico.

—¿Y cuál dios sí está atento a todo? —preguntó Francesco, poniéndose algo serio.

—El Dios es el dios de todos. No hay uno más todopoderoso que otro. ¿Tú conoces otro cielo?

—No, claro que no —contestó Francesco, un poco pensativo—. Sabes bien que no conocemos más que éste. Pero dime: si una persona debe tomar una decisión y se le presentan dos opciones; ella no sabe cuál elegir y le pide a Dios que la ayude, ¿cómo puede Dios escucharla y prestar oídos a otras más a la vez?

—Por supuesto que no podría escuchar los pedidos de todas ellas.

—¡Pero él es Dios!... Dios puede escuchar a todos y todas sus súplicas.

—¿Y qué es ser dios? —dijo Agustín, poniéndose en plan de filósofo—. ¿Crear todo perfecto y castigar a las personas si hicieron algo que a él no le pareció bien? ¿O darles la libertad de que se equivoquen? ¿Por qué él no nos creó perfectos? ¿No crees que sería más fácil andar por la vida sin equivocarse?

¿No es Dios quien todo lo puede? —le preguntó burlón a Francesco—. ¿No te hizo a imagen y semejanza de él?

Francesco, a su vez, se puso a filosofar:

—Entonces, ¿por qué nos hizo tan ignorantes?

—La verdad, no lo comprendo. Las personas están destruyendo la tierra. El calentamiento global es insostenible y apenas ahora están tomando acciones, entre ellas hacer productos biodegradables. Pero si fueron creadas por Dios, ¿no se supone que esto no debería pasar? Si él es perfecto, ¿por qué nos hizo tan vulnerables? Y si además contamos con tantos recursos internos, ¿por qué no han sido suficientes para hacernos personas más sabias?

—Entonces, ¿me estás diciendo que Dios se equivocó?

—No. Yo pienso que nos hizo libres y justo por eso somos imperfectos. Tenemos la libertad de equivocarnos, y nuestros yerros nos llevarán a hacer las cosas mejor si tomamos una conciencia permanente de las situaciones, y sobre ellas llevar a cabo una acción correctiva. Sin libertad de elegir, sin tener libre albedrío, seríamos únicamente esclavos y no aprenderíamos nada de la vida. El esclavo y el soldado no pueden marchar con libertad. Si tienes dudas, ¿por qué no pides una cita con Dios, aprovechando que estás en su casa?

—¿Yo, hablar con Dios? Realmente no me lo imagino.

—¿Por qué no?

—¡Sería una falta de respeto molestarlo! ¿Sabes dónde está?

—Lo he visto muchas veces cruzar el cielo. Él no es inalcanzable, como muchos espíritus creen. Es el ser más accesible de todos los que habitan el cielo y la tierra.

—Sólo en una ocasión he tenido el honor de estar ante su presencia, pero no me animé a verlo. Me quedé con los ojos cerrados todo el tiempo que conversé con él. Recuerdo haber percibido que la luz que irradiaba era muy potente y sentí un inmenso amor, pero al mismo tiempo tuve miedo de abrir los ojos.

—¿Miedo, por qué?

—Pensándolo bien fueron varios miedos a la vez. Quizás a que se enojara si lo veía directamente.

—Ay, Francesco, ¡qué ideas se te ocurren! ¿Cómo crees que se enojaría?

—Bueno, eso pensé. Tú preguntas, yo contesto.

—¿Y los demás miedos?

—Los demás miedos... déjame hacer memoria. Sí, ya sé: que al abrir los ojos él desapareciera. O que no fuera como yo me lo había imaginado.

—Te entiendo —dijo su amigo Agustín—. El miedo a que no fuera como lo habías imaginado es común para muchos de los espíritus que llegan aquí. Pero te puedo decir que estar frente a Dios, verlo y saber que es el amor más grande que puede existir en todo el universo no tiene precio. El amor que deposita en nosotros y transmite con generosidad es un regalo para todos los seres que tenemos la conciencia de saber que él existe. ¿Qué importa si fuera un Dios diferente del que te imaginaste? Después de haber estado con él no se puede aspirar a nada más. La humanidad, a lo largo de su historia, ha construido grandes monumentos con el fin de alcanzarlo y encontrarlo. Buscaron en lo alto y no se dieron cuenta de que él está en el interior de cada uno.

—Ahora que lo dices, el amor que sentí al estar en su presencia nunca me ha abandonado. Estuve con él antes de que yo bajara a la vida. Después pasé por la ley del olvido y ya no volví a cuestionarme por qué no me animé a verlo cuando lo tuve enfrente. Como no me funcionó la ley del olvido, sí pude recordar la sensación de tener su amor tan cerca, lo que quizá me llevó a servirle al gurú de la India.

El maestro escuchó atentamente las reflexiones de Francesco y le comentó:

—Ahora que sabes que puedes acercarte a él y que puede recibirte con mucho gusto, espero que abras bien los ojos y te animes a verlo cuando lo tengas frente a ti. Además, eres uno de sus maestros preferidos.

—¿Yo preferido? ¿Cómo lo sabes?

—Si no me crees, pregúntale cuando lo veas.

—No, no le voy a preguntar eso.

—¿Eres tímido, acaso?

—Respetuoso, tal vez.

—Tímido, eres tímido —afirmó burlonamente Agustín.

—*Bullying* en el cielo, válgame, Dios.

—Te digo que si nombras a Dios, es mejor que vayas a verlo.

Francesco puso cara de asombro. Luego preguntó:

—Agustín, cambiando de tema: ¿aquí viene gente? Digo, aquí al bosque, ¿tenemos visitas?

—Sí, algunos espíritus vienen de excursión. ¿Por qué lo preguntas? ¿Tienes miedo de encontrarte con alguien en especial?

—¿Cómo sabes? —dijo Francesco.

—Conozco tu historia y la de tus amores. ¿Todavía sigues recordando... a tu alma gemela y a tu esposa?

—Agustín, eres un curioso. Prefiero no hablar de ello, te haría perder el tiempo.

—¡Ya supéralo, Francesco! El amor siempre ha sido para ti una historia irresuelta.

Francesco soltó una carcajada y dijo:

—Prometo que en el tiempo que esté aquí seré maduro, comprometido y... —olvidó lo demás.

Agustín le dijo:

—Cuando olvidas lo que vas a decir, es que hay un secreto —rio mientras lo mencionaba—: No vuelvas a prometer por prometer, quien promete tiene una gran imaginación y quien cumple, un gran corazón. Si vuelves a encontrarte con tu alma gemela no le asegures que en la próxima vida se encontrarán, mejor guarda silencio.

Francesco no entendió por qué Agustín le decía eso, pero tampoco pudo recordar si le había mentido a Camila.

—Ahora es el tiempo de que te conviertas en el gran maestro que eres. De aquí no te irás hasta que encuentres tus propias respuestas. Cuando una persona está en el cielo siente curiosidad por sus vidas pasadas y sus vidas futuras. Nunca perdemos la curiosidad, que al fin es una de las tres cualidades que posee el alma, junto con la creatividad y el entusiasmo.

—Tienes razón y te haré caso: seré más curioso e intentaré albergar menos temores, para así crecer y avanzar. Aunque ahora no esté en la tierra, la evolución se presenta en todos los estados donde se encuentre el alma.

—Así es, mi querido amigo. Yo me iré a reunir más cartas. Mañana regresaré a saludarte. Lee las cartas que quieras, haz lo que sientas y, si vas a salir, cierra el bosque con llave. Si algún espíritu viene de excursión yo le puedo abrir, tengo otro juego de llaves.

—Nunca entenderé por qué el bosque tiene llaves.

Agustín se encogió de hombros. Parecía que a él no le interesaban las respuestas a ciertas preguntas. Al fin, el cielo debe guardar sus misterios.

—¿Puedo salir y entrar las veces que quiera? Entonces, si no estaré todo el tiempo en el bosque recibiendo a los visitantes, ¿cuál es mi misión en el cielo?

—Francesco, no lo sé. Desconozco la naturaleza de tu misión. Disfruta donde estés y deja de preguntar, que las preguntas no mueven las energías hacia ningún lado —dijo Agustín, antes de irse.

Después de la conversación, Francesco se dirigió al árbol del amor y tocó su tronco. De pronto un color verde brillante inundó su mente y traspasó su cuerpo. Cerró los ojos y se abrazó al árbol. Éste le susurró que mirara en su corazón, que ahí residen todas las respuestas.

Sé manso

Conviértete en un remanso, sereno, tranquilo, como es la hora del ocaso.

Contempla un atardecer y, cuando esté por irse el sol, piensa en tu padre, que te ha dado la fuerza para estar en la vida. No reniegues de él jamás.

No reniegues de nada ni de nadie, porque todo pasa.

No quieras luchar contra el viento, que él sabe cómo traerte buenas noticias.

No reniegues de tus padres, que ellos han tratado de empujar el viento a tu favor.

Mantén la calma y disfruta de los placeres del ocaso.

El ocaso siempre llega después de un bello atardecer. El bosque olía a madera y la penumbra que se abría paso, tras la luz incandescente del sol, iba apagando uno a uno los verdes de cada árbol. Como quien contempla las últimas chispas de un fuego que se apaga, así se mira un ocaso. ¿Cuántos atardeceres vive una persona en compañía de otra? El sol representa a Dios y a quien haya dado vida. Presenciar un atardecer es sentir cómo se aleja un padre.

Comenzaba el atardecer en el bosque y apenas se advertían los árboles perfilados. Yanino, maestro y amigo de Francesco, caminaba sosteniendo una linterna en una mano y en la otra, una carta que iba leyendo.

Francesco lo vio pasar y lo llamó:

—Yanino, ¿qué andas haciendo tan entretenido? Ni siquiera levantas la mirada para saludar.

—Perdona mi distracción, Francesco. Vengo de recoger unas cartas que se le cayeron a Agustín y voy a dejarlas en los árboles que les corresponden.

—¿Qué te resulta tan interesante para leerlo como si estuvieras en otro planeta?

—Es la historia de un muchacho que se enamoró de otro chico. Él cuenta cómo se encontraron una tarde de verano. Los dos caminaban casualmente por la calle y, al cruzarse, intercambiaron intensas miradas y luego se dedicaron una sonrisa. En ese momento comenzó su historia de amor, que fue la más bella que había vivido. Y como es frecuente en el juego del amor, uno está más flechado que el otro; en este caso, quien escribió la carta —dijo el maestro señalando el papel—. El enamorado cuenta que una tarde citó en la banca de una plaza al muchacho que lo traía loco. Lo esperó por horas y horas, y nunca llegó. Después de ese día, no supo más de él. Desde esa tarde hasta el día en que escribió la carta, se ha preguntado qué fue lo que le sucedió al otro chico, por qué dejó de quererlo. Él siempre esperó alguna señal, pero pasaron los días y los años. Al final de la carta, afirma que es injusto no tener un final del otro lado. Ingenuamente, declara que jamás volverá a tener otra historia de amor como ésa.

Yanino dobló la carta y la metió en su manta. Miró a Francesco y le dijo:

—Creo que ninguna historia de amor es igual a la otra; puede ser mejor, pero no igual. El chico que escribió la carta no tendría que entristecerse por haber conocido el ocaso.

—¿El ocaso? ¿Qué quieres decir?

—Todo lo que alguna vez tuvo luz y se va apagando es parte de un ocaso. Porque el que contempló una puesta de sol, pudo ver la luz. Es más triste jamás haber visto el atardecer. A lo largo de nuestra vida, podemos gozar del sol en todas sus posiciones. Así, el amor de pareja se encuentra en todas las formas y en cualquier dirección del horizonte. Por ello, después de cada ocaso, hay que saber conectarse con el crepúsculo. El ocaso es breve y rápidamente le da paso al crepúsculo: una especie de aurora vespertina que despierta a la noche con ternura. El ocaso, en cambio, es ese tiempo vespertino en el que todavía no se han encendido las luces en los hogares.

—No te entiendo —dijo Francesco—. Estoy confundido. ¿Entonces el atardecer sucede cuando se va el sol y el crepúsculo es previo a la noche?

—Así es. Es ese momento en que mientras ves cómo el sol desaparece de tu vista, en aquellas aldeas que están en las laderas de las montañas aún no se han prendido las luces. Queda una chispita de luz del día, no ha llegado la oscuridad total. Ese momento ha sido definido como el fin del tiempo de algo o el fin de una vida. Como cuando se baja el telón después de haber concluido una obra de teatro, pero todavía los actores aguardan detrás de las cortinas, esperando el aplauso del público. En ese instante, cuando el sol se ha ido y aparece la luna, es el momento del ocaso. Cuando finalmente la luna se asoma, se despiertan los animales nocturnos: los murciélagos y los búhos... y también se despierta un sentimiento en cada persona, porque algo ha muerto ese día. A veces, perder el equilibrio es como perder de vista al sol, porque la noche es la pérdida del día. Y cuando algo termina, es el final. En ocasiones, no se asume porque se desea que la ilusión continúe; es posible, entonces, que aparezcan la frustración y el enojo, que lo vuelven todo oscuro, como la boca de un lobo. Y en esa oscuridad se apagan las luces de la esperanza, se vive un ocaso emocional y se hacen presentes los animales primitivos interiores, capaces de convertirse en bestias salvajes para atacar a los demás. Estos miedos están al acecho, a la espera de cualquier situación amenazadora. Durante sus relaciones, las personas transitan por todos los estados: viven el día cuando están felices; el atardecer cuando están nostálgicas, y la noche cuando están tristes. Y hay personas que irradian tanta luz que todo lo convierten en una bella mañana.

Fue con estas entrañables y ejemplares palabras que Yanino se despidió de Francesco.

Francesco continuó en silencio su camino por el bosque y se encontró con un roble, que tenía colgado un cartel que tenía su nombre inscrito: "El bosque padre"; tomó el papiro que estaba dentro del sobre de cobre en forma de corazón. Lo desenrolló y leyó. Después abrazó al árbol y se puso a reflexionar...

Recordó a un padre que tuvo en una de sus vidas pasadas, quien lo había abandonado a los tres años de edad. Durante toda su vida, él se había sentido abatido, no le importaba tener dinero, ni siquiera tenía la fuerza necesaria para alcanzar una simple meta. Se decía que lo perseguía la mala suerte. Pero la suerte no existe, ése sí es un invento chino; la mala suerte es para los ignorantes. El azar forma parte del destino de las elecciones y sólo pierde quien no se arriesga.

Pensó en cuán importante era la figura de un padre, o quizá no tanto era el rol: lo que determina la fuerza que otorga un padre es la energía que nos comparte. Cuando un ser humano toma la energía masculina del padre hay tantos proyectos que puede culminar...

Es el padre quien hereda los ideales espirituales, los códigos morales y la fuerza de la autosuficiencia; así como la disciplina y la ambición. El brío para concretar los sueños es una energía totalmente masculina, como la del sol. Quien se respeta y se hace respetar tiene un buen padre en su interior; y quien no lo tenga, deberá adoptar uno.

Francesco dobló el papiro y volvió a meterlo en el sobre de cobre.

Se sintió nostálgico al evocar aquella vida en la que no había tenido la fortaleza suficiente por no haber contado con un padre. También se acordó de cuando había fallecido joven en una de sus vidas pasadas, y debió abandonar a sus hijos y a su mujer, dejándolos a la deriva con infinidad de problemas por afrontar. Y pensó en qué manera podía darles fuerza, pues no se sabe cómo se da, ni cómo se toma, es algo mágico: se tiene, se observa, se cultiva o, definitivamente, no se tiene.

Se durmió pensando en que le gustaría conocer la mejor manera de ayudar a su familia y a quienes están abajo.
Cada día que transitaba por el cielo, Francesco quedaba más enamorado de la belleza que encontraba en él.

Una tarde fresca cruzó el vistoso jardín que rodeaba el castillo de cristal donde se llevaban a cabo los rituales de los divorcios espirituales; lo habían adornado con estatuas de héroes históricos de la humanidad. Atestiguó el momento en que un sabio le colocaba una corona a un espíritu, y escuchó que el sabio le preguntaba:

—¿Cuál será el juramento que te harás a ti mismo, ese que cumplirás en tu próxima vida?

El espíritu se arrodilló y dijo:

—Juro que en mi próxima vida no seré tan confiado.

—Bueno, tampoco vayas a ser tan desconfiado —dijo el sabio—, tendrás que ser un poco confiado y un poco desconfiado. Debes aprender la lección que quien te corona sin que hayas presentado batalla te está entregando una deuda a largo plazo. Y los pagos largos conllevan grandes intereses.

Mientras Francesco meditaba esas profundas palabras, se acercó un espíritu que lo conocía de otras vidas en el cielo, quien se sorprendió al ver que Francesco espiaba la escena de coronación, y le preguntó:

—¿Qué haces, Francesco?

—¡Antonio, qué gusto de verte! Estaba escuchado lo que un maestro le decía a un espíritu que va a nacer y pensaba en sus sabias palabras.

—¿Qué le dijo?

—En el momento en que le colocaba una corona, el maestro le pidió que cuando estuviera en la vida recordara que quien aplaude antes del acto, está coronando el fracaso —como Antonio puso cara de que no entendía, siguió explicando—: Te pondré un ejemplo: si al montar un negocio te empezara a ir espectacularmente bien desde el primer día, eso no sería normal. Fácilmente te acostumbrarías al éxito y te relajarías, y el día en que algo saliera mal no tendrías las herramientas para enfrentarlo. Va otro ejemplo: si una pareja, al poco tiempo de conocerse, se enamora locamente y todos sus encuentros son maravillosos, ellos creerán que por siempre tendrán una relación maravillosa. ¿Estás de acuerdo en que eso sería fuera de lo normal? Ellos estarían idealizando la relación, porque no siempre se van a llevar fantástico. La realidad está en el verdadero conocimiento de la vida. En que sepas que así como existen la alegría y la plenitud, existen momentos de contrariedades.

—¿Entonces crees que todo lo que empieza bien termina mal? —preguntó Antonio.

—No siempre. En realidad, las condiciones de la vida, sea el amor o un trabajo, tienen que alimentarse de raíces profundas, con derechos de piso y crecer con la solidez adecuada para hacer frente a distintas situaciones. Esto no se genera de un día para el otro; lleva tiempo y la mayoría de la gente no quiere esperar. El fracaso no radica en que al principio las cosas se presenten mal; el fracaso consiste en que las personas no se preparan para lo común que surge en el día a día. Deben prepararse para lo cíclico, que es irse acomodando en la rueda de la vida. Tú sabes mejor que nadie que todo es cíclico y nada permanece: todo lo que está debajo debe subir y lo que está arriba debe bajar. Entonces la verdadera corona la porta quien está inmunizado ante la posibilidad de perder una y otra vez. Pero dime, Antonio, ¿cuál es tu misión aquí? ¿Qué es lo que haces?

—Contemplo...

—¿Qué contemplas?

—¡Contemplo todo! Por ejemplo, en el transcurso del tiempo que estuviste en vida, debiste haber contemplado el movimiento de la marea en las playas.

—Aunque la gente disfrutaba ir a la playa, incluido yo, te confieso que me gustaban mucho más los bosques.

El maestro escuchó con atención y le preguntó:

—¿Te gustaría conocer dónde enseño?

—¡Claro que sí!

Ambos siguieron caminando por los paisajes del paraíso celestial.

—Te cuento, Francesco: me gusta lo que hago aquí, soy experto en observar; contemplo lo que tengo que contemplar. Escucho lo que dice mi mente, entiendo lo que siente mi corazón, luego lo contrasto con lo que dice mi mente para asimilar la información que extraigo de mis conclusiones a fin de transmitirlas a quienes las necesite.

—Perdóname, Antonio, pero sigo sin entender qué es lo que realmente enseñas.

—Te lo explicaré mejor: cuando los espíritus llegan aquí deben aprender a contemplar y convertirse en los elementos o paisajes del mundo; por ejemplo, a veces les enseño a ser una playa, que por sí misma no puede fijar un límite a ningún elemento de la naturaleza. A ella le marca el límite el mar, y a éste el cielo junto con la tierra. Los granos de arena, que conforman la playa, no tienen cómo defenderse cuando son invadidos por el agua. Además, la arena no tiene poder sobre la marea, que ocurre cuando la luna provoca el movimiento del mar. Así es como el agua y la luna hacen lo que quieren con los granos de arena. A la playa la invaden, la erosionan, la desaparecen... Entonces, yo les enseñó a los espíritus para que sean como la playa, para que cuando bajen a la vida sepan que siempre habrá fuerzas que tendrán más poder que ellos, y que éstas son las que forman la trama del destino. No siempre se podrá fijar un límite y decir: "¡hasta aquí!". Por ejemplo, en ocasiones una persona no podrá ponerse firme ante un jefe porque él es más poderoso. No siempre se puede decir "basta", porque algo ejerce poder sobre nuestro poder. Tú y yo tenemos escrito cuándo debemos bajar a la tierra y cuándo ascender, no es cuando se nos da la gana. Siempre hay algo que nos dice: "¡ahora sí se puede!, ¡ahora no!"; funciona de la misma manera que las mareas, que no tienen compasión en invadir los límites de la playa. El mar es el mar... Por eso, cuando las almas me cuentan cuánto habían disfrutado de sus vacaciones en la playa, aprovecho para enseñarles. Les explico que quien no sabe qué hacer con su vida, debería ir a contemplar el mar; en su inconsciente esa persona está confundida, no sabe cómo poner límites a su caos interior. Es común que la gente diga que va a la playa para quitarse el estrés. Pero la playa está tan estresada como quienes la visitan. Uno va al encuentro de lo que más resuena con nuestra energía interior. Cuanto más ruido exista en tu cabeza, más querrás estar en la playa. Estar en ella, es estar entre la confusión de lo inconsciente y lo consciente. Estar ahí es sentir una batalla profunda entre lo que se quiere y no se puede. Es poder mirar el más allá, el infinito, lo desconocido de lo más profundo del universo.

—A mí me gustaban las playas y creo que en algunas vidas no supe poner límites.

—¿Estás de acuerdo entonces en que cuando la gente no sabe poner límites tendría que ir al mar?

—Por supuesto. Pero también debería meditar en él, sabiendo que tiene su cabeza invadida por un torbellino de ideas confusas.

—¿Y cómo meditaría? Te doy la respuesta: hay dos tipos de meditación. Una es la meditación activa, que se hace cuando la persona va caminando por la playa mientras piensa y reflexiona sobre los acontecimientos que atañen a su vida. Y la otra es más profunda. Te la puedo enseñar: tienes que estar con la espalda recta y la boca entreabierta, inhalando y exhalando. Cuando estés relajado, dirás estas palabras: "Yo soy la playa y me declaro inundada, poseída, invadida y cada tanto respetada. Con esto sé quién soy, no reniego ni me enfado, me declaro un ser manso y determinante por momentos. Con esto sé que tengo el poder varias veces al día y este poder es suficiente para decir que estoy aquí disfrutando de mi ser y de todo lo que me rodea".

Después de escuchar al maestro Antonio, Francesco dijo:
—Haré ahora mismo esta meditación.

Antonio le propuso guiarlo. Cuando abrió los ojos, Francesco se dijo: *¡Qué bien me siento!* Luego le agradeció al maestro y se fue reflexionando sobre lo que significaba ser contemplativo y convertirse en el elemento que cada uno quisiera. *Las personas podrían meditar todos los días unos minutos. Ellas podrían convertirse en un amanecer, en el día o en una noche estrellada, y cuando se conecten con el amor podrían transformarse en una caricia para el alma.*

Las torres

Toda esperanza está con la mirada puesta
en el cielo y los pies en la tierra. Hace que
baje por sí mismo lo que está en el cielo.

Cuando Francesco caminaba por la gran avenida de la Ciudad de las Luces encontró un portal, con forma de arcada, del que pendía un cartel con una inscripción: "Bienvenidos a las leyendas y sus monumentos". Se asombró al ver a través del portal una torre inmensa partida por la mitad.

En ese momento se le acercó el maestro Marco, uno de los guías, y lo abrazó.

—¿Qué miras? Hace mucho tiempo que no te veía por estos rumbos angelicales —le dijo efusivamente.

—Estoy descubriendo lugares realmente mágicos y lo disfruto enormemente. ¿Tú qué haces aquí?

—Soy el guía del lugar y también de la torre de Babel.

—¿Que función tiene esta torre en el cielo?

—¡Cuántas preguntas! —rio—. Te responderé con gusto. Estoy aquí para enseñar las leyendas a las personas que no han conocido la historia del mundo ni sus símbolos. Hay quienes no tuvieron la oportunidad o los recursos para viajar y ni siquiera pudieron conocer del todo la ciudad donde vivían. Tanto para aquellos que viajaron como para los que no, les muestro todo. Y si bien ellos al nacer no recordarán nada, su alma sí sabrá qué lugares le gustaron en su estadía aquí. Conocer el mundo no da lugar a que las almas sean ignorantes.

—¿Almas ignorantes? ¿Por no conocer lugares? Imposible haber recorrido cada lugar de ese bendito planeta. Aunque el conocimiento tampoco lo es todo. Hay mucha gente que sabe mucho acerca de países y culturas, pero de sentimientos desconoce absolutamente todo.

—Así es, Francesco, nunca se sabe qué es lo que hay que aprender en la vida. Pero aquí estoy para servirte; si hay algo que te llame la atención, dime y te lo explicaré.

—¿Qué hay con esta torre?

—Todo lo que te hayan contado como leyenda o mito en la tierra, aquí se materializa. Hay dos versiones en la historia de la torre de Babel: una narra que hubo un momento en que los hombres vivieron en el cielo, pero como castigo por su mal comportamiento, Dios los envió a la tierra; entonces decidieron construir una torre para alcanzar otra vez el cielo. Pero cuando uno iba subiendo, el que venía detrás lo sujetaba del pie para bajarlo y ser el primero en llegar a la cúspide. La otra cuenta que, en un principio, toda la humanidad hablaba el mismo idioma y decidieron construir una torre para alcanzar el cielo; Dios se enojó tanto por la soberbia de los hombres que hizo que empezaran a hablar diferentes idiomas para que no pudieran comunicarse entre ellos y detener la edificación.

Realmente no sé cuánto haya de verdad en estas historias, lo que sí es cierto es que estas construcciones siempre se hacen por un motivo muy especial. Las torres representan lo inalcanzable... no tienen puertas.

—Entonces, ¿la torre de Babel de verdad existió?

—Así lo creo. Representó el deseo de las personas de construir algo que las llevara al cielo. Las iglesias también tienen torres porque es el símbolo que une el espíritu de Dios con el mundo espiritual y con la voluntad de los hombres. Antiguamente servían para protegerse de los enemigos y, a la vez, para espiarlos; a veces ahí se confinaba a los prisioneros. En los cuentos infantiles, las princesas están encerradas en su interior, esperando a que el príncipe azul las rescate.

—Entonces, cuando las torres nos llaman la atención, ¿es porque estamos trabajando algo en el inconsciente?

—¡Así es, Francesco! Las torres representan mirar hacia dentro para verse vulnerables y entender que, aunque estemos acompañados, muchas veces necesitamos momentos de soledad, de reclusión. También simbolizan el poder de mirar por las rendijas de la mente y escudriñar el futuro, que cada quien lo vive con miedo o con esperanza. Reconocer, asimismo, que si hoy nos toca estar encerrados, debemos esperar sin desesperar. Su forma circular nos permite ver en todas direcciones, para poder observar el pasado, el presente y el futuro al mismo tiempo. La torre se puede derrumbar cuando es demasiado alta; como la vida misma: cuando uno cree que ya está en la cima, se pierde el piso. Entonces cada persona deberá aprender a hacer su labor con humildad, sabiendo que siempre estará construyendo para que su sostén sea firme y que esté en eterno crecimiento. Nada se mantiene estático durante mucho tiempo. Hay que tener en cuenta que en la vida nada se derrumba del todo, ni nada permanece en la cima por siempre.

Francesco se quedó meditativo y le comentó a Marco:

—En una de mis últimas vidas, no recuerdo bien cuál de todas, fui a ver a una señora que tiraba el tarot. Ella me indicó que eligiera una carta, cuando se la di y ella le dio vuelta, vimos que era una torre invertida, con el número 16. Yo había ido a consultarla después de haber perdido la fábrica de juguetes que había montado con mi hermano. Él, en una mala jugarreta, me hizo perder todo; sufrí una penuria económica terrible. A eso, la tarotista le llamó sufrir una caída vertical. No me olvidaré nunca de sus palabras y las recuerdo perfectamente porque sin duda la ley del olvido aquí no anda muy bien —dijo riéndose—: Esas caídas verticales podrían repetirse en las siguientes generaciones. Fue así como ocurrió con mi hijo y luego con mi nieto; una vez que ellos lograban algo importante, lo perdían. Maestro, cuando pasan estas cosas, ¿qué se debería hacer?

—Me imagino que estas pérdidas fueron significativas para ti y tus descendientes. Tal vez mucho de lo que hicieron, lo hicieron bien, pero las cosas no funcionaron como lo esperaban. En mi humilde opinión, creo que tú y ellos se quedaron sólo mirando las caídas y no lo que construyeron; por eso repitieron la historia, porque no se empeñaron en hacerlo diferente. La caída real consiste en mirar lo malo y no saber que, para destruir, primero se tuvo que aprender a construir. No hay que observar lo que se derrumba, sino lo que se edificó y quedarse con lo bueno, agradecido por la experiencia, sin miedo para erigir otra torre. Recuerda que si prestas demasiada atención a algo, te hace experto en eso. Si te quejas, te haces experto en la queja y buscarás inconscientemente todo lo que te haga daño para lamentarte con placer. Si miras sólo los escombros, te harás experto en ver las caídas de las torres de tu vida, y perderás de vista lo bueno que has construido y también tu autoestima. Hay que hacerse experto en la propia aceptación, incluidos los fracasos y los descensos. Es una ley natural que las cosas se caigan, y más vale que tengan una linda caída —dijo el maestro, riéndose—. Construir una torre debería ser un trabajo interior de crecimiento.

—Si la torre de Babel se hizo para alcanzar a Dios, ¿crees que fue un acto de soberbia?

El guía le contestó:

—¿Tú crees que Dios sea capaz de castigar y causar confusión? Por cierto, ¿ya fuiste a hablar con él?

—No, todavía no lo he buscado, no me animo. Él es tan grande, que siento que no puedo presentarme con él y hacerle preguntas tontas.

—Cuando te animes a hablarle, comprenderás que las leyendas surgieron del imaginario colectivo. Esta torre en particular es una alegoría, porque en la tierra se han edificado centenares o miles de monumentos con el propósito de llegar a Dios y estar cerca de él, y sus arquitectos y constructores jamás recibieron castigo alguno. Esta torre simboliza un momento de vida: la caída del ego. Y el ego se derrumba cuando las personas se dan cuenta de que nada a su alrededor funciona. Construyen su autoestima de acuerdo con los logros que alcanzan, de los objetivos cumplieron en el día a día; y cuando se derrumba lo construido, así también lo hacen la autoestima y el valor propio. Viene una cascada de pensamientos negativos acompañados de un profundo sentimiento de desánimo y desprotección. El ser humano se paraliza al darse cuenta de que sus sueños se han esfumado y se pregunta dónde está ese ser mágico que se supone debería haberlo ayudado a tener un poco más de suerte. Frente al sufrimiento de la caída, se colocará inconscientemente una coraza y se volverá rígido ante los demás; creará una superprotección ante la indefensión que está sintiendo, pero sentirá una vulnerabilidad interna capaz de llevarlo a la inestabilidad o desvalorización total. El abatimiento se apoderará de él y se convertirá en una víctima de sí mismo; entonces en su vida aparecerá el ocaso y se despertarán en su interior los animales de la oscuridad. La gente malinterpreta estas caídas verticales y se paraliza, en lugar de hacer un alto, meditar y entender que así son las cosas: a veces, se caen algunas partes de lo que hemos construido, pero eso no nos impide que llevemos a cabo nuevos proyectos. Cada caída representa el aprendizaje de reconocer que ése no es el camino, pero de ninguna manera creer que todo estará mal por siempre.

Después de escuchar estas sabias palabras, Francesco vio un gran puente que parecía no tener final, como cuando se mira el mar y no se advierte tierra firme. Como lo movió la curiosidad, le preguntó al guía:

—¿Ese puente tan bello a dónde conduce?

—A la Ciudad de los Colores. Si te sientes cansado de caminar, puedes elevar tu energía y levitar, al fin ya lo sabes hacer; también puedes abrir tus alas y volar, pero puedes perderte de los paisajes que están debajo del puente. Sabrás que llegaste porque verás muchas aves y un arcoíris en la entrada. Ahí encontrarás la explicación de la magia contenida en cada color, los que ves en las flores y en cada cosa que tuviste en la tierra, en la vida y en tus sentimientos.

—¡Qué hermoso es todo lo que estoy conociendo! Nunca había visto tantos puentes en el cielo como ahora.

Yohana García

El guía le aclaró:

—En épocas pasadas solía decirse que únicamente los dioses podían cruzarlos, porque tenían la idea que habían sido construidos por ellos, por la dificultad que implicaba alzarlos. En la antigüedad se asociaban con los ahorcados, con los sacrificios, con estar colgado o suspendido, porque siempre alguien murió de miedo al estar suspendido durante su edificación. Incluso todavía hay personas que, al cruzarlos, sienten cierto vacío en el estómago debido a la idea inconsciente de que pueden caerse, sobre todo si miran hacia abajo, y de que sólo están sostenidos en los extremos, pero debe confiarse en esos extremos. El puente se cruza sólo cuando hay necesidad de ir a la otra orilla. Pasar un puente es querer llegar... En la vida se atraviesan puentes cada seis años: del nacimiento a la niñez, de la niñez a la adolescencia, de la adolescencia a la madurez, de la madurez a la vejez y, si se tiene la suerte de llegar a la ancianidad, será gracias a la bendición de Dios y a la sabiduría adquirida que se podrá alcanzar la otra orilla. Los puentes separan, unen, asustan y sacrifican... pero qué sería de la vida si sólo se construyeran muros. Las personas tienen todo el derecho a edificar puentes para atravesar sus afectos, su psique, su consciente y su inconsciente. De hecho, todas las personas deberían convertirse en un puente de seguridad para el otro, y construirlo junto a los seres que aman. Saber, además, que sólo se puede traspasar el espacio del otro si se tiene su permiso; a esto se le llama respetar. ¿Sí sabías, Francesco, que sólo los dioses pueden atravesar el puente del arcoíris?

—¿Entonces yo no puedo hacerlo?

—¿Quién dijo eso? Aquí nadie dijo que no. Ay, Francesco, a ver si algún día aprendes a transgredir un poco las reglas y te invade la curiosidad, esa eterna compañera que nos impulsa a hacer los cambios.

—Ya entendí. Vivo regañado aquí, soy el blanco del bullying en el cielo —y se empezó a reír.

—No digas eso, no es verdad. ¿Recuerdas cuando te nombraste el maestro del amor? Te costaba tomar decisiones respecto a tus afectos y te debatías entre el amor de tu esposa y el de tu alma gemela. No sabes cuánto nos asombraba ver tu sufrimiento, pero eras un gran maestro para los espíritus que escuchaban tus enseñanzas.

—Quizá soy de esos maestros que mejor enseñan lo que necesitan sanar.

—No te juzgues, amigo. Aquí nada tiene un porqué. Deja los porqués al mundo de abajo, el mundo de las preguntas sin respuestas.

—Tienes razón. Ahora me iré a dormir porque mañana recorreré la Ciudad de los Colores. Pronto te vendré a visitar, creo que aún tengo mucho por aprender.

—Te espero, Francesco. Yo iré a apagar las luces de los monumentos y cerraré el libro de las leyendas. Después tengo que arreglar mi habitación, que está muy desordenada.

—¿Sigues viviendo en el Barrio de Cristal?

—No, me cambiaron de lugar. Ahora vivo en el Barrio de las Cuevas.

—Y ese barrio, ¿dónde está?

—Mira —dijo el maestro, y le dio un mapa, no sin antes indicarle el camino que conducía a su casa—. Estoy con mi familia, la que tuve en la última vida. ¿Sabes?, antes no todos los miembros de mi familia me caían bien; lástima que no pude apreciarlos, pero ahora me encanta estar con ellos.

—Y dime: ¿no se te aparecieron tus amantes? ¡Porque vaya que tuviste varias!

—Ay, ese tema no pienso tocarlo. Averígualo tú.

—Es una broma... —le dijo Francesco. Lo abrazó y luego se fue con el mapa bajo el brazo.

El mundo es de colores

Cada persona lleva anteojos para ver la vida del color que sus antepasados quieren que la vean.

Poder verla de color rosa, será una forma buena de vivir.

Al día siguiente, Francesco se levantó temprano y caminó en dirección al puente; pensaba, feliz, en todo lo que había visto en el cielo. Y finalmente, llegó hasta él. El puente, construido con troncos, parecía no tener fin. Mientras lo cruzaba, iba cantando y silbando, con la idea de que se toparía con alguno de los espíritus, pero su intuición le falló.

Ya cerca del final del puente pudo ver un hermoso y enorme arcoíris. A medida que se aproximaba podía apreciar aún más sus bellos e intensos colores. Esta belleza lo embargó tanto que le agradeció a Dios. Tantos colores, tantas vidas y tantas muertes para estar en ese paraíso sagrado. La felicidad de estar en el cielo tan cerca de Dios nunca podrá describirse con palabras.

Vio un cartel que colgaba de un arco, donde se leía: "Bienvenido a la Ciudad de los Colores". En cuanto atravesó el arco, lo recibió un muchachito que era el encargado de mostrar el lugar a quienes quisieran conocerlo.

Francesco le preguntó:

—¿Cómo te llamas, muchacho?

—Me llamo Mateo, señor. ¿Y usted?

—Francesco, encantado de conocerte. Me gustaría que me dijeras qué podría aprender de este lugar.

—Permítame, señor... Usted ya debe saber que los colores que hay en el cielo no son los mismos que vio en la tierra. Por ejemplo, cuando estaba en la vida tal vez pudo admirar animales exóticos y habrá observado la precisión de sus formas y colores.

—¡Así es! —respondió Francesco.

—Bueno, aquí conocemos la historia de cómo cada color ha influido en el inconsciente colectivo de las personas, generación tras generación. Mire, Francesco, mire aquí —dijo Mateo mostrándole piedras preciosas de distintos tamaños y colores, algunas brillantes y otras opacas.

Francesco las observaba y las tocaba. El muchacho le preguntó:

—¿Cuál de todas le gusta más?

—Hmmm, no sabría cuál elegir. Creo que todas son bonitas, pero esta azul me gusta.

—Se llama lapislázuli y tiene poderes maravillosos de sanación. Déjeme contarle algunas experiencias de mi vida anterior: siempre quise pintar y como mi familia era rica podía adquirir los lienzos y los óleos que yo quisiera, sentía la imperiosa necesidad de transformar un color en otro. Con el tiempo, aprendí que cada cultura tiene inclinación por ciertos colores. Somos diferentes en nuestra manera de pensar, ver y, como consecuencia, de actuar. Y nos sentimos con el derecho a opinar sobre gustos, como si residiera en nosotros la verdad absoluta. Cuando una persona dice: "Esto es bello", tendría que decir: "Esto es bello *para mí*", porque los cánones de belleza son diferentes para cada cultura y cada persona. Cuando una sociedad determina que algo es bello, lo vuelve moda y lo convierte mágicamente en belleza colectiva, la que quedará como un ícono de ese tiempo y perdurará en la historia. ¿Se ha preguntado alguna vez qué es lo bello?

—Me imagino que es lo que nos gusta o atrae —contestó Francesco.

—Cuando consideramos algo bello, les exigimos a los demás que piensen o sientan lo mismo; algo totalmente ridículo, porque no es objetivo ni sano. Le explicaré algunas cosas que aprendí de la belleza: está relacionada con lo estético y esto, a su vez, está asociado con la salud. La palabra *estética* designa lo que está dotado de sensibilidad, de percibir con los sentidos; por el contrario, *anestesia*, significa "sin sensación". Así son las personas que hacen daño a alguien sin percibir el dolor que le pueden causar, es andar por la vida queriendo hacer lo que se nos da la gana, lastimando, sin tener la mínima sensación de piedad o de amor. Para crear una obra de arte, antes hay que realizar un bosquejo o un ensayo sobre uno mismo. Un artista hace del dolor un acto bello, crea una estética de sí mismo para luego compartirla a los demás, para que puedan apreciar esa sublimación. En la Antigüedad se creyó que se podían ver más de ciento cincuenta colores; luego se descubrió que la gente de cada cultura podía apreciar con mayor claridad un color que los demás. Los colores del cielo son más nítidos que los de la tierra, son más definidos. En la tierra a cada color le dieron un sentido: así asociaron el blanco a la pureza y a rendirse ante algo; de esta forma, el color blanco se convirtió en el símbolo de la rendición. El rojo representa el movimiento, lo dinámico, la sangre. El verde, la salud, la naturaleza y la virilidad. El azul... —el chico hizo una pausa—: Déjeme platicarle que el azul fue el último color que pudo ver el ser humano. Hay que recordar que el mar no es azul, tampoco el cielo. El azul es el que más fuerza atrae, porque tiene que ver con la comunicación y la sanación.

Mientras el muchacho hablaba, recorrían el lugar. Mateo tomó una piedra y dijo:

—¿Ve esta piedra azul? Este color es el de más alta vibración, es ideal para que una persona pueda imaginar, meditar y sanar. En algunas religiones estaba prohibido, se le consideraba peligroso. Como usted ya sabe, allá abajo siempre se ve peligroso lo que puede ser saludable...

Francesco se quedó reflexionando y preguntó:

—¿Entonces el mar no es azul?

—Si usted recoge un poco de agua del mar y la coloca en un vaso, ¿la ve azul?

Francesco se rio y dijo:

—Nunca lo he hecho. Me imagino que no es totalmente azul. Recordaré esta conversación para hacer el experimento la próxima vez que esté en la vida.

Sin embargo, haciendo memoria, Francesco se acordó de que había algo relacionado con ese color. En cierta época, a las personas de ojos azules se les veía como diabólicas, porque como era un color inusual; las personas ignorantes decían que tenían el poder de hipnotizar.

—A lo mejor sí hipnotizan —dijo en voz alta Francesco, pensando en Camila.

—Lo noto algo distraído —comentó el guía.

—No, para nada —dijo Francesco, y queriendo disimular su melancolía le preguntó—: ¿Y qué debemos hacer con los colores?

—Conocer su significado y darles el uso adecuado. También prestarles más atención, porque cada mente los ve diferente, ya que están definidos por el cerebro, no por la vista. Si los percibes bien puedes hacer trabajar a la mente y las sensaciones. Usted mejor que nadie sabe que las sensaciones cambian toda una historia. Por eso hay que tener presente que el que mira ve lo que quiere ver.

—¡Diabólico el azul!... —se quedó pensando Francesco—. ¿Y qué hay del color rosa? Me he preguntado por qué ningún país lo ha elegido para su bandera.

—Es un color infantil. También es el color con que se representa al amor.

—¿Entonces, el amor es infantil?

—El amor no es infantil, el amor es para los grandes. Los países no saben del amor, los presidentes no saben del amor. El pueblo sí sabe, pero con el amor no se ganan las guerras. Con el rosa no se triunfa en una batalla, pero con el azul sí se puede, porque éste da poder. Al final: ¿la princesa no está en busca del príncipe azul? La princesa desea al príncipe azul para luego tener una vida color de rosa. Quizá las mujeres podrían hacer un ritual con el azul y los hombres con el rosa: las mujeres para tener poder y ellos para ser más amorosos y menos rígidos. Estaría bien que aprendieran a hacer un ritual con algunas velas de esos colores.

—¿Velas? —preguntó Francesco—, ¿para qué las quieren?

—Las velas tienen un pabilo para que se encienda el fuego, y ése es el símbolo del espíritu. El que encienda una vela puede hacer mucho —el niño tomó un rubí y le dijo—: También puede decir: "Yo soy la vela", y no tendría necesidad de prenderla. En la época en la que nació la humanidad, se creía que los dioses tenían poder sobre la naturaleza. El sol, la luna, la tormenta, el rayo, el nacimiento y la muerte, cada elemento o estado de la persona, pertenecía a un dios. Algunas mujeres con gran sabiduría sabían manejar los elementos de la naturaleza, incluso convertirse en ella misma. Entonces con sólo decir: "Le pido a la tormenta que se detenga" o "Le pido a la nube que haga llover", la tormenta o la nube respondían de inmediato. La persona reconocía que era dueña de ese poder y lo usaba con respeto y sabiduría. Cuando los hombres y mujeres se dieron cuenta de que podían alterar los elementos de la naturaleza, evaluaron su propia magia y pudieron convertirse en aquel que eligieran. Entonces ya no le decían a la tormenta o al rayo que se detuvieran; ellos mismos decían: "Yo soy la tormenta", "Yo soy el viento" o "Yo soy el rayo", así se transformaban en ese elemento, tomando la fuerza de Dios.

"Cuando las religiones vieron que el pueblo era capaz de tomar esa fuerza, se asustaron. Y como querían erigirse en un imperio, entonces debían someter a las personas, sólo así podían tener autoridad y reunir fortunas. De esta manera, en nombre de Dios, decidieron qué era bueno y qué era malo para sus adeptos. Y si acaso alguien adoraba algo fuera de sus preceptos, tenía que pagarlo y los castigaban, porque era un pecado. Le arrebataron el poder a las personas; toda la ayuda del cielo o de la naturaleza que necesitaran ahora debían solicitarla a través de un ministro de Dios. Éste podía ser un rabino, un gurú o un sacerdote. A aquellos que pudieran manejar los elementos, los religiosos los consideraban parte del bajo astral, por lo que debían esconderse en el bosque. Entonces empezaron las persecuciones, sobre todo contra las mujeres, más partidarias de comunicarse con la naturaleza. Y no sólo las estigmatizaron por su poder, sino que las descubrieron seductoras; pensaban que con sus encantos ponían en peligro a los hombres, porque ellos ya no entregarían su dinero a la iglesia o el templo, se lo darían a sus mujeres. Casi todo lo que tenían las mujeres estaba mal visto: el cabello largo o rojizo, las uñas largas y hasta los colores que elegían para sus vestidos, como el rojo, un color diabólico. Porque en esa época, además, cuando las mujeres menstruaban se les consideraba impuras, porque desperdiciaban la sangre de Dios. Y si tenían quistes en los ovarios o tumores que las hacían desangrarse aún más, se les apedreaba o se les alejaba porque estaban malditas. El rojo fue equiparado a la sangre, al diablo, a la seducción. Todo en un simple color. Lo rojo representaba lo prohibido. Así, por ejemplo, una bandera roja en alta mar es símbolo de peligro."

Francesco miró el color rojo tan bello de los rubíes y pensó en cuán grande ha sido la ignorancia de la humanidad y cuánto maltrato han recibido las mujeres desde siempre.

—¿Qué pensará Dios de todo esto? ¡Qué vergüenza! No nos hizo perfectos.

—Si lo fuéramos, seríamos sus esclavos; por eso tenemos libre albedrío —contestó Mateo—. Tendríamos que haber pasado más tiempo en la vida para poder opinar mejor, y hubiera sido divertido que pensáramos a través de los colores... Así la vida sería más simple, en lugar de ir poniendo etiquetas a cada cosa o situación de la vida. A ver, Francesco, le propongo un juego: piense en alguien y diga con qué color asocia a esa persona.

—Camila, color naranja, por un dulce atardecer —dijo Francesco.

—Piense en otra persona.

—Elena, color amarillo, por su personalidad: tranquila, como la arena del desierto —al decirlo, Francesco abrió mucho sus ojos azules y se le iluminó la cara.

—¡Le gustan los recuerdos, Francesco!

—Conservo algunos de ellos, porque la ley del olvido no surtió efecto en mí al cien por ciento. Y la mayoría que atesoro, sí me gustan. Por ejemplo, el túnel del Bosco que debemos atravesar para llegar aquí, el que separa la vida de la muerte, tiene todos los colores del arcoíris y se supone que cada color elimina un mal recuerdo. Según el recuerdo, será el color que se aplique.

—Yo no vi lo mismo. Le digo, Francesco, que todo es una ilusión en este mundo y en el otro. Termine de recorrer este lugar y al irse llévese la piedra que le guste. Regrese cuando quiera, al fin que las luces de las estrellas iluminarán su camino. Puede ir y venir las veces que desee.

Francesco le agradeció al muchachito y fue pasando sus recuerdos por el color azul. De pronto escuchó una voz que lo llamaba:

—¡Francesco! ¡Francesco! —era la voz de una mujer, que se acercaba a toda prisa. A lo lejos le mostró una llave—. ¡Mira! —dijo, mostrándosela—, te han asignado otro lugar más para cuidar. Hoy faltó el guía de la escala de colores y pidió que lo reemplazaras.

Francesco le sonrió, la miró con ternura y le preguntó:

—¿De qué se trata ese lugar?

—Vas a cuidar los arcos de la escala de colores.

—¿Qué es eso? ¿Para qué sirven los arcos?

Yohana García

—Sirven para que nosotros los espíritus, que queremos cuidar de los seres que viven en la tierra, sepamos qué energía mandarles cuando necesitan algo. Al enviarles el color correspondiente, estarás ayudándolos a que mejoren. O aquí en el cielo: si quieres sentirte mejor puedes visualizar los colores. Aunque, la verdad, aquí siempre estamos bien. ¿Te gustaría acompañarme? Me llamo Lola, por cierto, y me ocupo de asignar algunas misiones. Te mostraré dónde queda ese lugar.

—¡Encantado, Lola! —comentó Francesco—. ¿Y cómo es que me conoces?

—Francesco, aquí en el cielo eres figura pública —los dos se rieron—. Mira, si caminamos rumbo al oeste, podremos llegar más rápido.

—No traigo mi brújula —dijo Francesco.

—Yo sí, pero te recomiendo que siempre la traigas. El cielo es inmenso...

Ella sacó su brújula y se la dio a Francesco; él la miró por un lado y por el otro y le dijo:

—¡Los símbolos de esta brújula son tridentes! ¿De qué se trata? ¿Se la robaste al diablo?

—¡No, cómo crees! —contestó Lola—. En la antigüedad, las mujeres celtas elegían las ramas en forma de tridente para buscar agua y para orientarse. ¡Vamos, Francesco!

—Sí, vamos —dijo él, animado.

—¿Tienes algún color preferido? —preguntó Lola.

—Sí, el blanco: se me hace fino, suave...

—El blanco rechaza al sol, ¿lo sabías?

—¡Sí lo sé!

—¿Tenías problemas con tu padre?

—Nunca conocí a mi padre de la última vida.

—¡Por eso te gusta!

—Ay, Lola. Pareces bruja, aciertas con lo que dices y por los tridentes —los dos se rieron.

—¡Mira! Allá está el lugar donde cumplirás una de tus misiones —dijo entusiasmada.

—No entiendo todavía, ¿qué haré ahí?

—Recibirás solicitudes de la gente y ellos sabrán por ti qué color les corresponde, de acuerdo con su propia historia. El poder de los colores es increíble. Tienen una vibración especial que nuestra vista capta perfectamente, pero en realidad los colores no existen como los percibimos.

—¿Cómo que no existen?

—No, no existen de la manera en que tú crees.

—Lola, creo que estás loca —dijo Francesco.

—Llegamos, ¿te gusta?

El lugar tenía unos arcos enormes en la entrada y era increíblemente bello.

Lola empezó a tomar piedras preciosas, enormes y brillantes.

—¿Te gustan, Francesco? —Lola le enseñó una color ocre y otra magenta—. Observa el magenta: es uno de los tres colores primarios que no pueden obtenerse de mezclas; representa tener el mago interior y el poder de encontrar todas las herramientas para salir adelante. Mira esta otra —dijo asombrada a Francesco—: carmesí, la sabiduría, es el nacimiento y la resurrección, se podría afirmar que aniquila los prejuicios.

Francesco se mantenía atento para recibir información e instrucciones.

—El color azul representa la creatividad, la expresión de la comunicación. El concretar está encarnado en el verde, que también se asigna a la virilidad y la naturaleza de los embarazos. El color jade personifica al alquimista que todos llevamos dentro. A la espiritualidad la simboliza el gris metálico o plateado, y también a la fuerza de la luna; es el color de la siembra y de lo que se quiere lograr. El gris es la antesala del negro y caracteriza la transición hacia la luz. El rosa es la atracción del hombre al amor. El amarillo es un buen color para tomar las riendas de la vida material y sonreírle a lo que no nos gusta con tal de alcanzar el objetivo. El negro representa acomodarse a la noche, a los miedos de la oscuridad y poder salir de ella, no temer; por ejemplo, la justicia siempre vistió de negro, como el juez. El dorado es capaz de crear buenas siembras, renunciar a lo estático, moverse para ir hacia el deseo consagrado. El naranja es el color de los sabios orientales, el matrimonio, la pareja; simboliza el fuego, y el fuego purifica. El púrpura o el morado es la transformación; es el tono que adquiere la piel cuando la persona se golpea, cuando algo en su interior tiene que cambiar, como reunir las fuerzas físicas y espirituales para traspasar los límites de los miedos. El rojo es el color sagrado de las arcas del oro, porque encarna la fuerza del sol y éste es la representación de Dios. El turquesa es la fluidez de las aguas limpias que se mueven y no se estancan. El oro es el color alquímico por excelencia, personifica al padre, el dios, la fuerza de todo lo que se quiere conseguir y agradecer. El blanco es pureza y también simboliza la renuncia y la ausencia.

—Entonces, aunque el blanco es pureza, ¿no es capaz de liberar?

—Este color representa la paz, significa no pelear, no exigir. El blanco repele al sol y el sol es el padre. El negro atrae al sol; si estás buscando la fuerza de tu padre, es bueno llevar algo puesto de este color; también, como te mencioné, simboliza la justicia y la justicia es una energía totalmente masculina que la otorga el padre. Ten presente que el significado de los colores cambia según la cultura en la que se viva, y para cada quien será la verdad. Ya tienes el instructivo, Francesco: cuando una persona que esté en la vida solicite algo, podrás enviarle con tu mente el color de alguna de estas piedras; se sentirá mejor y adquirirá la voluntad que necesita.

—¿Con sólo pensar en el color y en la persona la podré ayudar?

—Confía, Francesco: esto funciona.

Con estas palabras, se despidieron.

Francesco se quedó a la espera de una solicitud de ayuda de la tierra, y vio al planeta entero pedir fuerzas al cielo. Entonces inhaló profundamente y meditó en el color magenta, que se convertiría en su color preferido junto con el naranja. Cuando terminó su meditación, al abrir los ojos sintió una gran paz. Y al poco tiempo se quedó dormido y tuvo un bonito sueño.

En una cueva yacía un hombre en el suelo. Él intuía que el tiempo de espera se prolongaría, entonces intentó asirse a la esperanza; pero temió desesperarse, pues la noche es larga para los que esperan. Estaba seguro de que un rayo de luz anaranjado se vislumbraría en el umbral de la cueva. Con la espalda y la cabeza en el suelo, una pierna subida en una piedra y los brazos abiertos de par en par, se dispuso a meditar. No lo logró, porque su mente había dejado lugar al espíritu de la conciencia para sólo pensar en sí mismo. Su conciencia sabía que su cuerpo estaba conectado a la Madre Tierra y que sus lágrimas eran parte del agua del Universo. Se preguntó, entonces, donde estaría su fuego; el fuego esencial para encender, calentar, cocinar y darle amor al hogar.

Si el hombre tuviera fuego sería Dios, se dijo. *Por eso aquí en el cielo no nos mencionan el fuego. Por algo en todas las religiones*

YOHANA GARCÍA

se habla del diluvio y no del incendio. Porque el agua es el mar de las emociones y el fuego es la fuerza del espíritu. Y con esta fuerza hay que trabajar, para que las flamas no se apaguen ante el primer golpe de viento o por las primeras gotas de lluvia.

Mantener encendida la flama de una vela, al aire libre, sin una mano que la proteja es toda una proeza. Por eso el hombre supo esperar mientras imaginaba cómo un águila venía a comerse su hígado todas las noches, y todas las mañanas, al despertar, éste volvía a crecer. Sólo las noches que no esperaba nada, el águila no venía a atacarlo; porque en su mente el hígado representaba la carencia y ésta sólo se alimenta cuando la esperanza entra en juego.

El hombre acomodó su cuerpo y supo entonces que la vida se mueve y para acoplarse al movimiento había que someterse a los momentos que tendrán que atravesarse con cualquier actitud, porque al movimiento no le interesa cómo lo acompañas, sólo le interesa la acción. Si al hombre no le queda claro el movimiento de la vida, entonces él deberá renunciar al control de todo lo que lo rodea. Salir a flote con la vida misma, remontar las mareas impetuosas y caprichosas. Salir a flote de lo que antes considerábamos sagrado y atesorábamos, creyendo que sería nuestro para toda la vida. Las noches largas nos llevan a reconocernos totalmente vulnerables y diminutos ante el todo. Nos llevan a decidirnos y sacrificarnos, quizá con lo que más nos hiera, porque abrirse a la vida es estar en carne viva. Entonces es necesario ir desarmado y estar dispuesto a recibir heridas, porque es éste el verdadero camino del hombre. La soledad, la incertidumbre, las dudas y los desaires de la vida lo engrandecen ante sí mismo. Ésa es la verdadera fe, el verdadero fuego: arriesgarse en el fuego de la fe y la voluntad.

Cuando el hombre sabe esperar es porque ya maduró y comprende que tras la noche vendrá la luz. El hombre puede contra todo obstáculo que se le presente. Pero la luz no es eterna, porque inevitablemente le seguirá la noche, como todo lo cíclico y circular.

El hombre de la cueva se incorporó, sin saber si había soñado o tenido una alucinación.

Francesco caminaba plácidamente y se detuvo en el umbral de la cueva. El hombre, al verlo ahí, intuyó qué era lo que venía a buscar.

"Hoy nos toca barrer", le dijo Francesco y le entregó una escoba para que lo ayudara a barrer las hojas que estaban afuera de la cueva. El hombre hizo un gesto con su mano dando a entender que se había olvidado de barrerlas el día anterior.

Francesco rio y le dijo:

"¿Te acuerdas cuando queríamos que nuestros hijos se llevaran bien con nosotros y pensaran como nosotros? ¡Qué tontos éramos! La primavera y el otoño nunca se llevaron bien.

Y el hombre respondió:

"Es cierto, Francesco. Los elementos se acompañan porque saben hacer equipo: el fuego con el agua, la tierra con el viento... Pero las estaciones no se llevan bien.

"No, no se llevan bien", agregó Francesco y preguntó: "¿Por qué será así?".

El ermitaño contestó:

"Porque están estacionadas y sólo se lleva bien lo que se mueve", los dos soltaron una carcajada. "¡Mueve tu escoba, Francesco! No vaya a ser que las hojas se vayan al infierno", y los dos se agacharon para agarrar las hojas del suelo y tirarlas al aire. Francesco se despertó del sueño sintiéndose pleno. Todavía tenía en su mente el rostro del hombre de la cueva. Se dispuso a dar un paseo; haría otro recorrido por el cielo. Tomó un camino que no había previsto y recordó lo que había aprendido acerca del ocaso y de contemplar. Pensó que, durante su vida, las personas se pierden de todo, porque están más conscientes de los sentimientos ajenos que de los propios.

Las personas viven en un mundo de preguntas, que constantemente se hacen a sí mismas, y muchas veces éstas no tienen respuestas. Preguntas tortuosas acerca de su destino y de las acciones de los demás: "¿Me querrá?". "¿Le gustaré?" "¿Se habrá dado cuenta de que me hizo daño?" "¿Qué habrá pensado cuando descubrió el engaño?" La lista es interminable.

Recordó lo que un maestro le dijo cuando llegó por primera vez al cielo: "Vemos la vida por las rendijas de las heridas que nos han hecho y no vemos las puertas que han abierto las caricias". También se acordó de un cuento que el espíritu de una niña le había narrado:

En una ciudad cualquiera, en un tiempo lejano, un perrito fue atropellado. El animalito quedó tendido en medio de la calle. Dos amigos iban pasando y, al verlo herido, lo quisieron levantar, pero el perrito intentó morderlos.

Uno de los amigos dijo: "Déjalo, es un perro desagradecido. Lo queremos ayudar y mira cómo reacciona".

A lo que el amigo respondió: "No te enojes, no te ha querido morder por maldad. Muerde porque está herido. Las heridas hacen que las reacciones sean un fiel reflejo del daño que se ha recibido. A veces se mantiene el fusil en alto cuando hace años que la guerra terminó".

El destino

El mayor desafío del hombre es poder desafiar su destino.

Al salir de la Ciudad de los Colores y unos segundos antes de cruzar el puente, Francesco vio a lo lejos una cueva cubierta de símbolos y con velas encendidas en su interior.

De ella salía una mujer vestida con una túnica morada; llevaba en la cabeza una tiara plateada y de la que colgaba una piedra pequeña, al parecer de amatista, que caía en medio de su frente, a la altura de los ojos.

—¡Joven! ¡Joven! —le gritó la mujer.

Francesco sonrió, no se imaginaba verse joven ante los ojos de ella.

—¿En qué le puedo ayudar? —contestó Francesco.

—Me di cuenta de que viene de donde habitan las energías de los colores, y quiero saber si, por casualidad, no le dieron alguna piedra de recuerdo. A mí me gusta esperar a la gente para pedirles que me regalen el *souvenir* que les dieron por su visita.

Francesco se quedó pensando y le preguntó:

—¿Por qué no entra usted y pide una?

—Porque me gusta quedarme con las que traen los demás.

—Usted me recuerda a mí cuando comía papas fritas: me gustaban más aquellas que les quitaba del plato a mis hijos. Las papas fritas son deliciosas, pero las que uno compra para sí no saben igual a las que están en el plato del vecino.

—Así, tal cual es para mí. Es como robarle un poco de la suerte al otro —dijo la señora, en un tono pícaro.

—Así es —dijo Francesco—. Disculpe, ¿usted quién es?

—Soy la guardiana del destino. Me llamo Pita y aquellos que me conocen me dicen "la Sacerdotisa.

—El destino... humm. Yo conocí al maestro del destino en otra vida, pero era un hombre.

—Sí, ya sé. Él era un gran maestro —dijo riéndose—; en cambio, yo parezco una gitana, ¿verdad? Sólo me faltaría tener una mesita para tirar el tarot. Aunque lo sé tirar, en realidad no lo necesito porque, como guardiana del destino, tengo bien desarrollado mi tercer ojo, y como soy el destino... puedo ver todo.

—¡Conque usted es el destino! —le preguntó Francesco, meditativo y un poco intrigado—. ¿Me puedo sentar un momento? Quiero escucharla con atención. Por cierto, me presento: soy Francesco.

—Mucho gusto, Francesco. Mire, esa piedra que está allá podría funcionar como banca para sentarnos, y desde allí podremos ver el atardecer que, junto al arcoíris, forman un espectáculo maravilloso.

Los dos se sentaron, guardando silencio unos minutos,

YOHANA GARCÍA

mientras admiraban el atardecer. Francesco se preguntó qué podría preguntarle al destino que el propio destino no supiera.

—Mire, Francesco —dijo la señora señalando unas luces—. Allá esta el oráculo de Delfos, y al lado de las luces, la biblioteca de Alejandría. En esta biblioteca tenemos todos los libros sagrados que fueron quemados para que no se revelaran los grandes secretos de la humanidad. En ella se resguardan muchos libros que hablan de la fuerza que ha tenido la mujer desde que puso por vez primera los pies en la tierra, pero como a los hombres no les convenía que las mujeres los conocieran, los quemaron. Del otro lado está la Atlántida, que se ha creído perdida. Ese lugar que nunca les quedó claro en la tierra si existió o era una leyenda. Era una ciudad habitada por seres no humanos, que desapareció y se mantuvo en la profundidad de los océanos.

Francesco quedó fascinado con lo que alcanzaba a ver a lo lejos.

—Entonces, ¿sí existieron de verdad la Atlántida y el oráculo de Delfos? —preguntó—. ¿No fueron otras leyendas más?

—Francesco, me extraña que se refiera a ellos como leyendas, ya que todo lo que ha sido creado es una realidad. Recuerde: como es arriba, es abajo. Lo que se inventó en un lugar, se hizo realidad en otro, en todas las dimensiones. Basta con que alguien crea en él, para que se manifieste, sin ayuda de nada especial.

—¿Puedo preguntarle algo? ¿Cómo llegó a ser la guardiana del destino?

—Siempre he sido una sacerdotisa. Vine a visitar el oráculo y, como no había en ese tiempo ninguna persona que entendiera tanto de mitología griega como yo, entonces me atreví a solicitar permiso para quedarme. Me aceptaron, así que aquí estoy. Déjeme decirle que es muy interesante la mitología griega: tiene una lógica intrínseca, al igual que la Biblia y otros libros sagrados. Ellos muestran claramente cómo las familias se han enfrentado a la crueldad en todas las épocas de la humanidad. Esos desastres son equiparables a los de cualquier familia. Estoy segura de que el oráculo fue creado por grandes mentes, algunas algo locas y otras muy sabias. Indudablemente quien narraba la historia de cada dios estaba viviendo algún conflicto en su propia familia.

—¿Loco el oráculo? —exclamó Francesco, incrédulo.

—Cuerdo o loco, todos acudían a pedir consejo. Al fin, todos querían saber cuál sería su destino. Si temían que algo malo les podría suceder, iban a consultarlo y obtenían una respuesta que, sea cual fuera su naturaleza, los conducía en principio a donde ellos no querían ir. Las fuerzas del destino son más fuertes que el camino en sí. Como sucede en la historia de Edipo. Se la voy a platicar: Layo, el rey de Tebas, decidió antes de casarse con Yocasta consultar el oráculo de Delfos, que le hizo un tenebroso vaticinio: su primogénito sería su propio asesino y se casaría con su mujer, es decir, con su futura madre. Al nacer el niño, Layo le dio instrucciones a uno de sus oficiales de matarlo por temor a que el vaticinio se cumpliera. Como el oficial se sintió entre la espada y la pared, entre la lealtad que le debía a Layo y la culpabilidad de hacerle daño a un inocente, prefirió perforarle los pies al niño y colgarlo, con una correa, de un árbol en el monte.

"Citerón, que apacentaba los rebaños de Polibio, rey de Corinto, escuchó los lamentos del niño y, lleno de compasión, lo entregó a Polibio. Su esposa, Peribea, lo adoptó como hijo con el nombre de Edipo, que en griego significa "el de los pies hinchados". A los 14 años ya era admirado por su destreza.

Siempre en los juegos gimnásticos era el vencedor y la envidia de todos sus compañeros, hasta que uno de ellos, lleno de rencor, le dijo que era un bastardo, un pobre hijo adoptivo. Edipo, atormentado por esas palabras, habló con sus padres, pero su madre, que lo amaba con todo su corazón, no quiso aclararle sus dudas. Se esforzó por hacerle creer que sí era su hijo. Para saber si era verdad, él fue a consultar el oráculo de Delfos, que le dio su mejor respuesta: que no regresara a su país natal si no quería causarle la muerte a su padre y desposarse con su madre. Conmovido por estas palabras, se juró nunca más regresar a Corinto. En el camino se encontró con cuatro hombres, un anciano entre ellos, quien con gran prepotencia le ordenó que dejara el camino libre, porque la vía era muy estrecha: pasaba el carruaje de uno o pasaba el del otro. La actitud amenazadora del anciano hizo enojar a Edipo y se entabló una disputa entre ellos. Edipo terminó dando muerte al anciano, sin saber que era Layo, su padre. Con la muerte de su rey, a las puertas de la ciudad de Tebas se apostó un monstruo, más precisamente una calamidad: una esfinge, con el pecho y la cabeza de una mujer, el cuerpo de una leona y las alas de un águila, que devoraba a los caminantes que intentaban traspasar la entrada. El hermano de Yocasta proclamó que quien pudiera vencer al monstruo se casaría con ella. La muerte de la esfinge dependía de responder un acertijo: ¿Qué animal anda en cuatro patas por la mañana, en dos al mediodía y en tres durante la noche?

"Edipo, dueño de una sagacidad increíble, se presentó ante el monstruo y respondió el enigma sin temor: 'Es el hombre. Cuando es pequeño se arrastra en cuatro extremidades; más grande camina erguido y cuando es mayor necesita la ayuda de un bastón'. La esfinge, furiosa, se lanzó a un peñón, muriendo. Fue así como Edipo desposó a Yocasta y se convirtió en el rey de Tebas. Pero otra vez intervino el oráculo: la peste que asolaba la ciudad sólo se terminaría cuando se encontrara al que había dado muerte a Layo. Cuando Edipo investigó se dio cuenta de que él había sido el asesino de su padre, al tiempo que descubrió que Yocasta era su madre. Su desesperación fue tal que se arrancó los ojos. Fue expulsado por su hija Antígona y se exilió en Atenas. Tal parece que el destino no se puede evitar. La verdad no la sabremos nunca. Estas historias siniestras, tan bien analizadas por los eruditos del pensamiento pragmático, no son otra cosa que el enfrentamiento entre la parte psíquica de las personas y sus intríngulis con su inconsciente.

"En aquel tiempo las religiones tenían los mismos dioses y profetas, sólo que cada una los denominó de manera distinta. También se regían por los mismos mandamientos, pero con distintos matices: 'No matarás', enseña el catolicismo; 'No matarás a quien no honre a tu Dios, y matarás a los que no creen en tu Dios', enseña la religión musulmana."

—¡Qué triste que tanto fanatismo convierta a Dios en un tirano y a la historia en una mentira! —dijo Francesco y, curioso, le preguntó a la guardiana del destino—: Pita, cuénteme, ¿qué es el destino para usted?

—El destino es el camino trazado entre la vida y la muerte y éste no puede moverse. Por siempre, la ilusión del hombre ha sido desafiarlo.

—Yo no creo que el destino sea inamovible —refutó Francesco—; seríamos esclavos de él y no tendrían sentido nuestras acciones en la vida si todo estuviera escrito.

Pita se encogió de hombros y le contestó:

—Bueno, yo vivo en la mitología, no en el mundo real. Lo que sí sé es que Dios tiene un gran libro, en el que todas las mañanas tacha el nombre de quien debe venir al cielo. Funciona como la fecha de vencimiento que tiene la persona. Y, por supuesto, la tiene desde que nace. Dios no se equivoca: existe un pacto de almas que se establece desde la primera vez que la persona está en la vida, que se va actualizando según sus acciones; a esto le llaman *karma*. Cada alma respeta el pacto y sabe cuándo y cómo retirarse. La muerte está presente en el preciso instante del nacimiento; todo lo que tiene vida, tiene muerte. Por eso en los primeros tiempos de las civilizaciones, las mujeres debían presidir las procesiones de los entierros, porque se consideraba que si ellas eran dadoras de vida también eran quienes otorgaban la muerte. Nadie escapa al destino: el pasado y el futuro se mezclan en el presente, y resulta que todo es lo mismo: el pasado es el presente, y el futuro es el pasado. El destino es una rueda que no alterará nunca su camino. No importa por dónde se muevan las personas, irán a parar a donde su destino las está esperando.

—Entonces, Pita, ¿no somos libres?

—No, Francesco, no somos libres, para nada —respondió ella, con tristeza.

—Pero ¿el libre albedrío dónde está?

—No sé. Por lo pronto en el oráculo, no. Lo que dictamina el oráculo de Delfos cuando se le consulta es sagrado, se cumple.

—He escuchado que, últimamente en la vida, las personas están acudiendo a terapias para cortar aquello que las ata a las repeticiones, que tienen su origen en las vivencias de sus antepasados.

—Honestamente, no he escuchado nada acerca de ellas. Creo que usted podría averiguarlo en el Castillo de los Antepasados, también llamado Sepia. Pero si quiere saber más sobre el destino y entenderlo, no hay un mejor lugar que el oráculo de Delfos. En la mitología griega hay una leyenda que explica cómo actúa el destino. Se la contaré: hay tres mujeres que cuidan el destino de cada ser humano: las Moiras, una mide con una cinta la vida; la otra, la hila, y la tercera tiene unas tijeras para segar la vida. Ellas se ponen de acuerdo para enmendar o cortar lo que está escrito en la historia de una persona, ya sea su árbol genealógico o el libro que tiene Dios donde tacha los nombres. Las Moiras son contemplativas y en ocasiones se reúnen con Dios para interceder por alguien, a fin de que él le otorgue una nueva posibilidad de seguir en la vida. Pero esto sólo sucede cuando la persona ha abandonado sus miedos y ha trabajado con amor su porvenir; cuando ha soltado los sufrimientos y los malos recuerdos, y construye su presente con buenos momentos para crearse un futuro en el que sólo haya vivencias agradables, que luego ella atesorará y disfrutará al recordarlas sin nostalgia.

"En la mitología, aquel dios que desafiaba al destino se le veía como arrogante; una vez que cumplía el desafío se convertía en héroe. Sin embargo, por no obedecer a su destino, se le excluía o exiliaba. Esto mismo sucede cuando alguien logra hacer un cambio en su vida en contra de la opinión de los demás: se hace héroe, pero se le excluye del lugar donde está. Y entre el juego de desobedecer y de enfrentarse, paga el precio de escapar de la muerte, que no es otra cosa que aprender a mover la rueda de su destino. Porque quien la mueve, estará vivo por siempre, esté donde esté.

—Pita, no me queda claro cuál es su misión. ¿Es contarles la historia de Delfos a los espíritus?

—No, Francesco, aquí no tengo ninguna misión. Aquí sólo soy una guardiana y hago mis rituales.

—Los rituales son para generar algún resultado positivo,

para conseguir algo que uno quiere obtener, ¿cierto? Si dice que no puede alterarse el destino, ¿para que los hace?

—Cuando estamos en la vida somos seres ritualistas, oramos o le solicitamos algún favor o milagro a Dios a través de esos rituales. Pero aquí en el cielo no tengo mucho que pedir. Acomodo mis ideas; entiendo lo que tengo que entender de mis experiencias en vidas pasadas y de lo que sé que viviré en las futuras. No he perdido la ilusión de que, al nacer, no se me olvide nada de lo que he aprendido, aunque supongo que no lo recordaré.

—Pero, Pita, si usted sabe que las enseñanzas de aquí se le olvidarán al pasar por la ley del olvido, no tiene mucho sentido que albergue la esperanza de que podrá retener estos conocimientos en la vida. Recuerde que de la ley del olvido nadie escapa.

—Usted sí escapó de ella.

—¿Cómo lo sabe?

—Recuerde, Francesco, que si hay alguien que conoce el destino de todos, ésa soy yo.

—¡La ley del olvido es perfecta! No entiendo por qué no me funcionó. Creo que era importante en esa vida que yo mantuviera los recuerdos de haber vivido en el cielo. Pero si no existiera podrían pasar muchas cosas; por ejemplo, imagínese que alguien al nacer, en cuanto viera a su madre, se espantara por saber lo que le deparará con ella en el futuro. O que apenas abra los ojos, la vea y diga: "¡Ay, la loca que me tocó!".

Los dos se rieron.

—Francesco, ¡qué dice! ¡No siempre son así las madres!

—Bueno, era un chiste. No me diga que usted no tiene sentido del humor. El destino lo tiene, siempre se ríe de nosotros —dijo muy seguro Francesco—. Qué bueno que todos pasan por la ley del olvido. Se imagina qué desesperación daría saber lo que vendrá en el futuro, o qué aburrimiento si lo que está por venir es más de lo mismo de lo que se está viviendo.

—Lo que me queda claro es que al nacer no sabemos nada de nada; es empezar de cero —dijo Pita.

—El destino tendría que ser libre. No es justo que nos ate a karmas o a antepasados que vivieron equivocadamente, a quienes ni siquiera conocimos. Si usted es la guardiana del destino y el destino no se mueve, entonces lo que se mueve son las personas hacia él —siguió diciendo Francesco, con la firme convicción de que el destino se podría cambiar.

—¿Entonces en qué cree usted, Francesco? ¿Con qué palabra definiría una acción que fuera capaz de mover su destino?

—No sé —dijo Francesco—. Estoy seguro de que somos necios y le llamamos destino a ser necios. Muchas veces no es la piedra la que nos hace tropezar, somos nosotros los que no sabemos prestar atención a dónde pisamos, y terminamos repitiendo historias y cometiendo pecados.

—¿Pecados? —preguntó Pita.

—Sí, pecados. Repetir un problema, idéntico al anterior, es un pecado.

—En la Cábala existe una definición que me gusta mucho sobre lo que es equivocarse: pecado no es cometer un error; es no querer reconocerlo y volver a cometerlo. Recuerde que pecar es no dar en el blanco. En épocas antiguas, cuando las personas practicaban tiro al blanco y erraban, sus compañeros de juego le gritaban: "¡pecado!". El destino se repite cuando se conoce el error, pero la persona no es capaz de moverse de lugar.

Francesco se quedó pensativo.

—¿Y qué más dice el oráculo?

—¿Qué quiere saber?

—Quiero saber del amor, de la pareja, del enamoramiento.

—El amor, ¿ése del apego?

—¡Sí, ése!

—¿Se lo cuento tal cual, con nombres y definiciones mitológicas? ¿O se lo cuento a mi manera? Porque la mitología tiene una historia fantástica, también hay una interpretación psicoanalítica, pero yo le daría la metafísica.

Francesco rio y le dijo:

—Deme la que más ganas tenga de narrar. Al fin que usted siempre hace lo que quiere.

La guardiana sonrió, asintiendo que así era ella, tal cual la había descrito.

—Entonces la contaré a mi modo: existía una muchacha muy hermosa que en la mitología llamaban Psique, que en realidad representa el alma de todos los humanos. El Alma recorría el camino de los dioses. Era tan bella que Afrodita, la diosa de la pasión, le tenía envidia. Afrodita era madre de Eros, dios del amor, al que también se le llama Cupido; a él le encantaba andar con sus flechas especiales, cubiertas por la miel del amor, para formar parejas. Afrodita le pidió a su hijo que matara a Psique. Él siempre obedecía a su madre y aunque dudó por un momento, al fin se decidió. El padre del Alma sabía que su hija podría sufrir por culpa de Afrodita, y se transformó en un monstruo para enfrentar a quien quisiera hacerle daño. El Alma se había refugiado detrás de una piedra, a orillas del mar, para sentirse segura y en paz, y también para contemplar los atardeceres, ignorante de que su padre era el monstruo que estaba frente a ella. Se sentía desolada por falta de amor. Eros al final derrotó al monstruo y, cuando intentaba acercarse al Alma para matarla, sin querer se clavó él mismo una de sus flechas, así que se enamoró y no pudo lograr su cometido. Para evitar la ira de su madre, Eros ocultó a Psique, le construyó un castillo y siempre la visitaba de noche, en la oscuridad; le prohibió que hiciera preguntas sobre su identidad. Cada noche, en medio de la oscuridad, se amaban. Una ocasión, Psique le confió a su amado que echaba de menos a sus hermanas y quería verlas. Eros accedió a su petición, pero le advirtió que sus hermanas querían acabar con su dicha. A la mañana siguiente, sus hermanas, las tres arpías, le llenaron la cabeza hablándole mal de Eros. Una de ellas le dijo: "Él no puede ser bello ni bueno como dices, porque no se deja ver a la luz del día, y quien no se deja ver seguramente es un monstruo". Así fue como Psique empezó a dudar de su amor y una mañana se levantó más temprano que de costumbre para poder verlo antes de que él desapareciera al amanecer. Se acercó con la ayuda de una lámpara, pero unas gotas de aceite cayeron sobre el hombro de Eros y en cuanto sintió el ardor, se despertó. Se enojó porque Psique no había cumplido con su promesa: no debía verlo a la luz del día, de lo contrario se iría de su vida. Al asustarse por la reacción de su amado, se lastimó con unas de las flechas envenenadas de amor y se enamoró aún más de Eros y pudo apreciar con mayor claridad su gran belleza; era un hombre realmente hermoso. Delante de su vista, él desapareció y también se desvaneció el castillo. Pero en el fondo de su corazón, Eros no quería perderla. Así que decidió confrontar a Afrodita; a ella no le quedó más remedio que aceptar el amor que ellos se profesaban. Contra su voluntad, Afrodita bendijo a Eros y a Psique, y se alejó un poco de sus vidas.

"Por eso se dice que el amor es ciego. Si el amor no es verdadero, es mejor que el alma se quede sola por un tiempo. El amor con la pasión no se llevan bien. El amor es desapegado, contemplativo, compasivo, sumiso... Para que su energía funcione, alguien tiene que ceder. A veces lo hace uno, y luego, el otro. Entre el dar y el recibir se recicla la energía del amor. Ceder es conceder, dar y entregarse."

Francesco escuchó con atención el relato y pensó en que muchas veces los hombres no saben dar un buen amor a la mujer, porque en cuanto se acaba la pasión, son los primeros en abandonar la relación. Se quedó algo nostálgico.

Le dijo a la guardiana del destino:

—¡Pita, déjeme darle un abrazo!

—Gracias, Francesco. Muchas veces al destino le gusta que lo quieran.

El misterio de encontrar una buena pareja

Sé que voy a quererte sin preguntas.
Sé que vas a quererme sin respuestas.
MARIO BENEDETTI

Después de su conversación con Pita, Francesco se fue fascinado flotando por el cielo. Estaba tan distinto del que había
visitado anteriormente. ¡Éste sí que brindaba diversas experiencias! Se sentía jubilado de sus trabajos anteriores, por fin
no tenía grandes responsabilidades. Supo por Agustín que últimamente no habían llegado visitantes al bosque y que sólo
él había entrado para depositar las cartas en las zanjas de los
árboles.

Al no sentirse preocupado por el bosque, decidió relajarse.
Recordó que en su vida anterior en el cielo él había pedido ser
el maestro del amor. Y una vez que le concedieron ese deseo,
se dio cuenta de que no tenía la total capacidad para hablar del

amor, por lo menos del amor de pareja; esa capacidad era su incapacidad.

Su historia de amor inconclusa era antigua. Parecía el cuento de nunca acabar: encuentros y desencuentros, y siempre con Camila, su alma gemela. Se habían hecho un juramento antes de nacer: encontrarse para pasar toda una vida juntos. Pero al regresar a la vida, no pudo recordarla. Ahora, al llegar al cielo, se percató de que no la había olvidado del todo; sintió que había algo extraño en su historia. Lo que Francesco desconocía era que Camila le había pedido al ángel Cupido que realizara un divorcio espiritual y, si bien éste al principio se había negado, terminó acatando su voluntad. El divorcio espiritual parecía haber funcionado. Y si bien las almas gemelas no se separan nunca, parece que en el cielo existen algunas excepciones.

Mientras Francesco pensaba en esa historia de amor, logró transformar sus pensamientos en colores, e inconscientemente hizo una meditación activa, estando en el presente. De pronto, vio interrumpido su camino: una mujer venía hacia él, vestida de color plata. Era algo regordeta y se le veía muy sonriente. Se fue acercando un tanto apresuradamente, y los últimos pasos que dio los hizo casi corriendo. Se detuvo, lo miró y le extendió la mano, diciéndole:

—Francesco, ¡qué gusto conocerte! Aquí eres famoso, porque irradias una luz infinita...

—¿Yo, famoso? —dijo él un poco sorprendido—. Parece que muchas almas me conocen, lo cual me parece extraño; pero si es por algo bueno, me agrada. No te conozco; sin embargo, ya me caes bien. ¿Quién eres?

—Soy Selene. En la mitología griega represento a la Luna. Todas las noches, justo en el momento en que el crepúsculo considera que debo asomarme al cielo, me subo en ella. Y luego, en cuanto veo a mi esposo el Sol, regreso aquí. No debo quejarme, tengo que ser obediente y ordenada, de lo contrario el Universo no puede fluir. A veces, el Sol y yo jugamos: nos ocultamos uno del otro, nos peleamos y nos reencontramos. Las parejas vivimos un juego de poder, como cualquier pareja, como el que jugó tu madre con tu padre, cuando eras niño.

Francesco la miró sorprendido y le preguntó:

—¿Pero tú y tu marido no tienen hijos? ¿O sí? —preguntó pícaramente Francesco.

—Bueno, tengo algunos hijos secretos. Ya sabes: si alguien sabe de lo oculto, ¡ésa soy yo! Hay un mito sobre mí que puede resultarte interesante. Conocer la mitología griega te dará luz acerca del origen de las religiones que hoy día existen.

—Sé de qué me hablas. Justo acabo de conocer a Pita, la guardiana del destino. Supongo que la conoces. Ella afirma que todos tenemos un destino marcado, que no tenemos libre albedrío.

—Francesco, no sé qué decirte. Detrás de cada mito hay una fuerza psicológica y espiritual. En los mitos aparecen los dioses que representan cada elemento que nos dio vida, de hecho, una vida que ya teníamos. El hombre sólo les designó un nombre —diferente en cada cultura—, que nos etiquetó, porque para eso sí son buenos. Son historias en las que los dioses se muestran como seres amorales: se comieron a sus hijos, fueron incestuosos, se persiguieron, lucharon contra monstruos, surgieron a la luz y cayeron al inframundo. Vivieron en un mundo maravilloso, mágico y, a la vez, tenebroso. Ciertas o no, estas historias no están tan distantes del comportamiento de las personas; una vez que se analizan, cobran un gran sentido humano. La mitología siempre ha representado la mente humana, plena de luces y de sombras. No sé en qué momento alguien escribió mi historia y me llamó Selene. Sin duda, algún enamorado, porque la mitología es romántica y poderosa. Contiene la verdad de toda la vida del mundo; pero no es fácil entenderla, debe investigarse para comprenderla por completo. A partir de sus metáforas y la simbología de sus personajes se muestra la realidad de las relaciones y la relevancia de su papel: cómo podemos arruinar la propia vida y la de los demás si hay un mal manejo de las emociones y de los miedos, que siempre existirán en la mente humana. Las acciones de los personajes eran evaluadas por el oráculo y los dioses. Siglos después apareció una nueva corriente: la psicología, que hizo una interpretación interesante de estos mitos: los denominó arquetipos y a partir de entonces se etiquetaron las personalidades.

Francesco estaba fascinado con la narración de Selene.

—Te contaré un secreto —le dijo Selene—: han dicho que el Sol es mi hermano, pero es mentira, ¡él es mi esposo! He tenido varios amantes, de acuerdo, pero también han afirmado que tuve alrededor de cincuenta hijos y que, además, fui amante del dios Pan.

—¿Pan? —preguntó Francesco—. ¿Quién es él?

—Es la representación de lo demoniaco. De él deriva la palabra *pánico*. Porque sentir pánico y vivir en el miedo es residir en el verdadero infierno. Por eso estoy unida a lo oscuro, a lo oculto. Pero no recuerdo haber estado enlazada a él. En ese mito relatan que tuve una hija, a la cual castigué porque había intentado robarme y la eché del Olimpo. Entonces ella se fue a la tierra, donde se enamoró de un hombre apuesto y se embarazó, lo cual desató la ira de los dioses del Olimpo, porque perder la virginidad ha sido mal visto en todas las religiones. Al sentirse juzgada, ella se ruborizó y desde entonces se asocia a la vergüenza.

Francesco se quedó con la boca abierta y comentó:

—En mi última vida, cuando cortejaba a la que sería mi esposa, ella se sonrojaba.

Selene rio y le dijo:

—¿Ves cómo la vergüenza sexual está unida al rubor? Como nunca he sido humana, no tengo idea de qué es el rubor. Aun así, inventaron esa historia. Por supuesto que mis hijas son todas esas mujeres que seducen, que sanan, que aman la naturaleza y que son madres. Sin duda, las mujeres ¡son mis adoradas hijas!

—Bellas hijas tienes —dijo Francesco—. Pero ¿sí sabes que eres el símbolo de los enamorados?

—¡Claro! Y también soy amiga de las brujas. Cuando luzco mi forma de media luna represento la alegría: una gran y feliz sonrisa.

—Recuerdo que en una vida fui a la playa con la mujer que amaba. Los dos contemplamos un eclipse de luna y nos dijimos una frase: "Entre tu amor y el mío, nos une la luna roja" —le confió Francesco.

Selene sonrió y le dijo:

—Cuéntame más...

Él hizo algo de memoria, miró hacia abajo del puente para ver las luces de los edificios de cristal que se iban apagando y siguió con el relato:

—Fue antes de perder a Camila, en el ashram.

—¿Cómo la perdiste?

—Nos desencontramos. Es una larga historia, que te contaré en otro momento.

—No se vale que me dejes en ascuas, Francesco. Cuéntame algo más. Aunque no lo creas, soy curiosa.

—Recuerdo haber llegado a India y que la besé bajo una luna inmensa. Nunca olvidaré esa escena.

—Debo decirte que no sólo soy la luna de los enamorados, también soy la luna de las brujas... Y ellas son amigas de las escobas —dijo, riéndose.

Francesco sabía muy bien a qué se refería Selene.

—Tienes poder sobre las mareas y sobre las siembras —dijo Francesco.

—Mi poder sin el Sol no sirve, porque todos dependemos de los demás. El poder sobre otro es el secreto para ser lo que cada uno quiera ser. Es importante lo que hacemos porque nuestra misión afecta la misión de los demás. Yo me transformo en nueve lunas; soy muchas en una. Vibro en mis formas creciente y nueva; en mi cara menguante y en mi forma llena y regordeta. Todas las etapas del ser son importantes y forman parte de los ciclos. Se toman, se respetan y se traspasan, como los nacimientos y las muertes. Cuando algo muere, se separa para crear algo nuevo.

"El mar a veces se cansa de que yo sea quien lo suba y lo baje. Pero él no puede sobre mi fuerza. Sólo cuando sale el Sol, el mar está contento. Además, me gusta el número 9 y sus múltiplos, porque gracias a ellos puedo entender las escalas que debo cumplir. Las personas que tienen en su esencia estos números son como yo: trabajadores, ocultos, confusos, amistosos; así como aquellos que llevan en su nombre la letra L —como el mío— tienen características de mi personalidad. Esta letra representa mi alegría, mi luz y mi intuición. Porque la alegría y la luz mueven a la gente. Y las mujeres se ruborizan cuando se les seduce por medio de mi embrujo.

Francesco estaba encantado de escuchar a Selene, así que decidió confiarle su experiencia con Camila:

—Tuve un vida que recuerdo muy bien: yo era piloto de avión. Un día en el aeropuerto, conocí a Camila: desde que la vi, sentí una oleada de amor, sentí que nos había flechado Cupido y supe entonces que era mi alma gemela. Tiempo después hicimos un viaje a la India, junto con Damián, un chico a quien ella le había salvado la vida. El propósito del viaje era conocer a un maestro, un gran guía espiritual. El mismo día que llegamos al ashram del maestro, salimos en busca de agua porque en la India no hay agua potable; si tienes suerte, puedes encontrar un lugar cada diez calles donde vendan agua purificada para beber. Mientras caminábamos, vimos un templo magnificente; tanto, que decidimos entrar. No nos arrepentimos: su belleza era deslumbrante. Aunque nos llamó la atención que no había nadie en su interior. Hicimos el recorrido un poco apresurados porque Camila nos esperaba en el ashram. A la salida, la puerta ya estaba cerrada, como por arte de magia; inútil fue nuestro intento por abrirla y, desconcertados, debimos esperar a que alguien nos rescatara, pero sólo fue al cabo de unos días cuando llegó el cuidador del templo. Seguramente, si hubiera tenido un celular en mis manos todo habría sido diferente. Salimos corriendo al ashram para encontrarnos con Camila y explicarle la razón de nuestra ausencia. Pero ella ya se había ido. Nos dijeron que había decidido partir, que en un principio se había preocupado y asustado pero después ya se veía molesta y desconocían el motivo. Debo admitir que ella y yo teníamos poco de conocernos, aún no teníamos una relación cercana, íntima; pero con Damián sí había compartido una historia única: de lucha contra su enfermedad al inicio y después de milagros. Me pregunté qué pensamientos habían cruzado por su cabeza para llegar a la conclusión de que la habíamos abandonado. Pero, como sabes, cuando uno vibra mal, todo lo peor gira alrededor nuestro. Después supimos la verdad: cuando salió en nuestra busca, una chica, a las puertas del ashram, le dijo que nos había visto irnos en compañía de unas amigas que nos habíamos encontrado. Nunca entendí por qué ella creyó en sus palabras. La llamé incontables veces, pero no quiso escuchar mi versión, ni tampoco la de Damián. Yo decidí entonces quedarme en la India, para aprender y ayudar al maestro; supe que ésa era mi misión en la tierra. Al cabo de algunos años ella regresó al ashram, pero las condiciones habían cambiado: ella ya se había casado y llegó en compañía de su marido. Sí coincidimos en algunas meditaciones, pero no pasó de ahí. Durante mi estancia y con la guía de mi maestro yo había logrado desapegarme de mis afectos; a pesar de que era padre de unas niñas pequeñas, había comprendido que mi misión no era estar con mi familia; ni Jesús ni Buda anduvieron con su familia a cuestas. Seguro de estar sin apegos, sin embargo, un día Camila y yo coincidimos en el árbol de los deseos. No pudimos frenar nuestros instintos y, a plena luz del día, nos besamos. Ese beso significó tanto que, a la distancia, por él cambiaría todos los años que he pasado en pareja con Elena, a quien he querido mucho y ha sido la única esposa que he tenido, hasta donde recuerdo.

Selene lo interrumpió para preguntarle:

—Por cierto, ¿ya fuiste al rincón donde está el Sepia?

—Recuerdo que Pita lo mencionó —dijo Francesco—, pero ¿qué es?

—Sepia es un color. Es el lugar de los antepasados.

—Justo vengo de la Ciudad de los Colores, pero me estoy dando cuenta de que el cielo es tan especial y grande que aún

El hombre del pasado es de color sepia

Agua, purifica mi sangre.

Fuego, dame amor y quema mi temor.

Madre tierra, recíbeme en tu hogar.

Aire, llévame a los bosques.

Francesco continuó su camino por el puente y la Luna salió para iluminarlo y hacer más bonita la noche. Aún le faltaba un buen tramo para regresar al bosque. Miró hacia abajo y pudo observar la inmensa belleza del cielo: edificios de cristal, lagos, playas, palmeras, aves, duendes, hadas. Todo lo que existía en la vida y en el mundo de la fantasía, absolutamente todo, se encontraba ahí. Cuando terminó de cruzar el puente, observó un cartel en el que se leía: "Desviación a Sepia".

Francesco pensó en que debía dirigirse al bosque, que era el lugar que le habían encomendado. Sin embargo, lo movía la curiosidad por seguir conociendo lugares nuevos, quería disfrutar el cielo sin culpas. Justo cuando se debatía por ese dilema, tuvo suerte: Agustín estaba a punto de cruzar el puente. Se acercó para saludarlo y Francesco aprovechó la oportunidad y le preguntó si todavía tenía tiempo para seguir conociendo el cielo, o si consideraba conveniente que regresara a cuidar el bosque.

Agustín sacó un papiro, que parecía una especie de calendario, de la manga de su túnica y comenzó a leerlo. Luego de unos segundos le dijo:

—Francesco, ve a pasear adonde quieras. El bosque estará bien; no es necesario que lo cuides, no hay excursiones en estos días.

Francesco se alegró.

—Qué bueno. Esta vez tengo curiosidad por conocer todo lo que se atraviese en mi camino. Creo que han llegado mis vacaciones, por fin.

—Yo estoy buscando el Sol —dijo Agustín.

—¿El Sol también habla como la Luna? —preguntó Francesco.

—¡Claro! Ellos son seres con alma.

—Acabo de conversar con la representante de la Luna y me encantó conocerla.

—Cuando conozcas todo lo que existe aquí, no vas a querer regresar a la vida, al igual que todos los espíritus que llegan al cielo. Cuando les pedimos que nazcan, nos ponen caras de "¿por qué yo?".

—¿Cómo crees? ¡Si la vida es maravillosa!

—¡Sí, es preciosa! Pero si les preguntas a los espíritus si quieren bajar a la vida y vivir unos setenta u ochenta años más, verás que muchos se quedarán meditando la respuesta.

—Pero ¿tan mal la pasaron?

YOHANA GARCÍA

Cuando Agustín, después de reflexionar, iba a responder, Francesco lo interrumpió con otra pregunta:

—¿Tú crees que aquí tengamos libre albedrío?

—Libre albedrío, ¿para qué? Francesco, ¿qué es lo que quieres hacer?

—En realidad quiero preguntar si podré quedarme y ya no tener que regresar allá abajo.

Con un movimiento de cabeza, Agustín le dio a entender que no había libre albedrío.

El *karma* de lo que se hizo en la vida anterior determina si una persona baja a la vida o se queda más tiempo en el cielo. A veces la vida es la recompensa y otras, es disfrutar el cielo.

Agustín siguió con la conversación que Francesco había interrumpido:

—No creo que no quieran nacer porque la vida les dé poco entusiasmo o porque la hayan pasado mal. Lo que sucede es que aquí nos encanta, estamos con Dios y además podemos vacacionar en el paraíso. Aquí no existen las enfermedades ni las injusticias. Pero estamos conscientes de que en la vida se encuentra la fiesta de los sentidos y el mundo de los abrazos. Siempre habrá una cucharada amarga y otra dulce. Las personas tendrían que saber que la vida es una mera cuestión de actitud: si se vive siendo positivo y noble, lo bueno se atraerá sin inconvenientes.

—¿No crees que todo sería más fácil si no tuviéramos que pasar por la ley del olvido?

—Creo que no, porque las personas recordarían demasiadas situaciones que no les ayudarían a aprender, y no tendría gracia estar en aquel viaje. Al final, la vida es sólo un sueño. La realidad es estar aquí. Vivir allá es un juego, a veces perverso y muchas veces divertido. ¿Por qué no vas a Sepia? Se le conoce también como Castillo de los Antepasados. Estás muy cerca. Yo tengo que regresar al bosque porque han llegado muchas cartas.

Francesco le hizo caso a Agustín y finalmente se dirigió a Sepia. En cuanto llegó, supo por qué era el lugar donde reposan los recuerdos de los antepasados y en el que cada espíritu encuentra ahí su historia y su árbol: el lugar estaba repleto de antigüedades, polvo, fotografías. Reliquias que representaban la separación entre las almas y los vivos. Todos los recuerdos del mundo se podían ver en fotos de color... sepia.

Mientras buscaba alguno de sus recuerdos, se percató de que nunca había visto tantos espíritus reunidos en un solo lugar. Pasaban levitando a su lado, iban y venían como si fueran zombis. Escuchaba murmullos; eran las oraciones de las personas con las que honraban a sus antepasados desde la tierra, y con ellas también les pedían que las ayudaran a cortar con el sufrimiento que estaban padeciendo en ese momento. Querían terminar con las repeticiones negativas que habían heredado de sus antepasados, para liberarse.

Francesco vio al maestro guía de Sepia, quien acomodaba las reliquias. Se le acercó y, después de saludarlo y presentarse, le preguntó:

—¿Qué significa este lugar y qué puedo encontrar?

—Cuando llegan al cielo, las personas traen consigo sus recuerdos, las energías de los objetos, y en Sepia se materializan, por si acaso ellas albergan alguna duda.

—¿Quieres decir que cada ser al morir viene al cielo con sus recuerdos y si quiere guardar alguno aquí lo encuentra? ¿Y el desapego? Y eso que dicen que detrás de un féretro nunca va un camión de mudanza, ¿no es verdad?

—Déjame explicarte, Francesco. No vienen los muebles, los autos o cosas así. Pero sí los recuerdos importantes, las compañías afectuosas, para que los espíritus no extrañen nada: el primer juguete, la manta que tejieron sus madres con las que se cubrían todas las noches y la primera carta de amor; hasta los caramelos que alguna vez convidaron los nietos a sus abuelos. Todo lo que te haya gustado en la vida aquí se materializará. Como cuando te llevas un *souvenir* de algún lugar.

—Un *souvenir* de otra vida —dijo risueño Francesco.

—¿No recuerdas algo que te gustaba de tu vida anterior?

—No, la verdad es que no. No recuerdo nada en particular.

—Tal vez no estabas apegado a nada.

—Y esta almohada, ¿qué hace aquí? —preguntó Francesco, mientras la tomaba entre sus manos.

—Fue lo único que pidió traer una señora; por lo visto, para ella debió ser importante.

Francesco tuvo un ataque de risa y dijo:

—Con tantas cosas buenas que hay para apegarse y ¡elegir una almohada!

—¿Por qué no? —preguntó el maestro—. En la almohada depositas tus más profundos pensamientos, sueños, decepciones e ilusiones. Dime, ¿recuerdas alguna vida en especial?

—Sí... recuerdo una vida en Roma con mi mujer, Elena.

—¿Qué te hubieras llevado de recuerdo de esa vida?

—La Loba con Rómulo y Remo; en realidad, era una pequeña escultura que estaba en la casa de mis abuelos. No recuerdo por qué a la Loba le faltaba una parte. Vi esa escultura desde que era niño; estaba en el comedor, en el lugar donde tuve las comidas más exquisitas, rodeado por mis seres queridos, sanos y vivos. ¡Eso me traería! Ése sería mi apego.

—¿Sabes si ese recuerdo también perteneció a otras vidas?

—La verdad, lo desconozco.

El maestro se concentró, movió los dedos y, en unos minutos, la tuvo entre sus manos.

—¿Era esta Loba?

Cuando la vio, Francesco se emocionó profundamente.

—¡Sí! ¡Ésta es!

—¿Ves qué fácil es todo aquí?

—¡Qué maravilla, qué belleza! —Francesco estaba tan feliz...

—La felicidad se consigue fácilmente cuando lo que hacemos lo volvemos sencillo. Imagina que ahora entrara un espíritu y dijera: "¿Qué hace aquí este adorno de una loba con un agujero en la panza? Qué tonto recuerdo. ¿Quién habrá querido traerse semejante tontería?". Nunca digas: "De esta agua no beberé", porque el camino es largo —los dos se rieron y siguieron recorriendo el lugar que más bien parecía una tienda de antigüedades.

Francesco comentó:

—Si mi madre estuviera aquí, viendo estos objetos, sería feliz. Preguntaría si algo está a la venta y, aunque estuviera en el cielo, lo querría comprar.

—¿Recuerdas a tu madre?

—Sí la recuerdo, perfectamente.

—¿Y recuerdas haberla encontrado anteriormente aquí en el cielo?

—Creo que no, nunca pedí verla. ¿Sabes?, me apena decirte que no recuerdo muchas cosas. ¡Han sido tantas vidas y tantas madres! De la que te menciono es una de ellas.

—¿Te gustaría verla?

—Sí, ¡me encantaría abrazarla! Me alegraría mucho estar de nuevo con ella.

—Sé que a veces anda por aquí. Es probable que uno de estos días te encuentres con ella. También puedo decirte cuál es su recuerdo preferido.

—¿Cuál?

—¡Es esta almohada! La que tienes entre tus manos.

Francesco la abrazó aún más fuerte y pudo apreciar el perfume de su madre.

—Las reliquias sirven para que las personas no se olviden de aquellos a quienes pertenecieron y, a la vez, hagan memoria a través de ellas. Los antepasados siempre están entre los descendientes; entre sus historias y personajes. En esa inmaterialidad hay vida, hay leyendas y mitos. La palabra *antepasado* significa anteceder. Los antepasados vienen a ceder el tiempo o el espacio; a dejar el lugar para que lo ocupe la persona que llegará después. Alguien tiene que probar antes cómo se abre la puerta de las circunstancias del juego de la vida. Los antepasados fueron nuestros guías, defendieron su vida a capa y espada, y lo hicieron como pudieron. Tuvieron dones y ésos los pasaron a sus descendientes, así como los errores. Por eso, no hay que culparlos. La culpa no es de ellos ni de los descendientes, la culpa es de la vida misma. Todos los antepasados viven en el cielo cuando es de noche, y de vez en cuando pasean por estos lugares. Si no los mandas llamar, es raro que te los encuentres por casualidad.

—¿Y por qué sólo de noche?

—La noche tiene estrellas. Con el Sol y la Luna puedes comunicarte, hablar con ellos, pero con las estrellas, no. Sólo las personas vivas hablan con las estrellas. Y los antepasados viven en ellas, son sus casas; que, en conjunto, forman ciudades. Por ello, cuando se muere algún ser querido, a los niños se les dice que se fue a vivir a una estrella.

Francesco escuchó atentamente el relato y preguntó:

—Yo soy un antepasado y no vivo en una estrella; he tenido muchas vidas y muchos sucesores, ¿tendría que vivir en una de ellas?

—Sí, pero no eres un antepasado común. En una vida anterior aquí fuiste un maestro, ¿recuerdas que fuiste el maestro del amor? En esta estadía se te asignó la custodia del bosque. Si fueras un espíritu como los demás, que forman parte de los antepasados, no estarías de día aquí, vivirías en la noche.

—Sí, tengo la tarea de cuidar el bosque, pero aún no le veo un propósito a esa misión. Tal vez ahora soy el maestro de las vacaciones —dijo, riéndose.

—Tal vez —dijo el guía—. Disculpa, no me había presentado. Me llamo Pastor.

—Mucho gusto. ¿Pastor como los pastores? Qué nombre tan raro el tuyo.

—Así me bautizó el maestro del tiempo: me dijo que yo era como un pastor, porque mi misión es la de conducir a los antepasados a cada estrella.

—¡Entonces tienes una hermosa y gran tarea!

—Sí, es verdad. No la cambiaría por ninguna. Los antepasados son una fuerza maravillosa. Cuando una persona descubre sus vidas, le da curiosidad por saber más de ellos. Sus historias sirven muchas veces para resolver conflictos actuales. Los antepasados envuelven a sus descendientes con sus sueños y forman parte de su imaginación. Ellos nos dejan su ADN en nuestra piel, somos una mezcla; por ello, tenemos el cabello de un color, los ojos de otro y la piel de todos. Cuando abrazo a alguien, abrazo a todos sus seres queridos y él abraza a todos los míos. Los antepasados ven todo desde las estrellas y conocen las historias que viven día a día sus sucesores. Pero muchas personas afirman que repiten las historias de sus an-cestros; se quejan precisamente porque no las quieren revivir. En la vida acuden a terapias para cortar con esas repeticiones, faltas o carencias, como quieran llamarlas.

—¡Qué bueno que pudieron descubrir esas repeticiones! —dijo Francesco, al tiempo que había recordado algunas his-torias que él había repetido y no entendía muy bien por qué se acordaba de ellas en ese momento.

—Los antepasados son benditos y, a la vez, tienen una fuerte misión inconsciente. Ellos quieren que sus descendien-tes se vean inmersos en las mismas situaciones porque desean que terminen la misión que ellos no pudieron concluir en vida. Muchos de estos antepasados bajan a acompañar a sus suce-sores y, sin querer, entorpecen su camino. Merodean sus rela-ciones amorosas y algunas veces, por entrometidos, las cortan porque no les gustan; o como no pudieron resolver una histo-ria semejante, entonces les buscan una persona igual o pareci-da a la que se relacionaron, incluso físicamente, pensando que a través de sus descendientes vivirán ese gran amor.

—¡Pero eso es egoísta! —exclamó Francesco. Él no se consideraba un antepasado egoísta ni perverso.

—Parece que son malvados, pero muy en el fondo, no lo son; de hecho, son muy sabios. En fin, son humanos, aunque estén de este lado.

—¡Pero debemos tener antepasados que deseen lo bueno!

—Ellos creen que están haciendo cosas buenas.

—¿Los antepasados no reciben aquí un entrenamiento para alcanzar un mejor nivel de conciencia que el que tuvie-ron en la vida? ¿No son sabios aquí, así como lo somos tú y yo?

—Bueno, Francesco, tú y yo no somos tan sabios. Segui-mos aprendiendo, porque eso fue lo que pedimos. Recuerda que ellos tienen libre albedrío, no sólo en la vida, también en el cielo; y éste es la fuerza infinita de la libertad, que al final tiene un precio para todos. Tener libre albedrío es una bendición. Sin embargo, no te olvides que antes de atravesar el túnel que nos conduce aquí, abandonamos nuestro inconsciente y todo lo que queríamos hacer. Quedan abandonadas nuestras necesidades no cumplidas. Y cuando regresamos a la vida, cuando cruzamos el túnel del Bosco, las retomamos para completarlas o acomodarlas, según nuestro parecer.

—Recuerdo esa fuerza centrífuga, como si estuviéramos dentro de una lavadora, sintiéndonos parte de un calidoscopio.

—En ese momento dejamos en nuestros descendientes una memoria impresa de todo aquello que queremos que hagan. Lo hacemos pensando: "Si yo no pude, ellos sí", y creemos que así le hacemos justicia a la vida.

—¡Pero es injusto! ¿Por qué Dios no interviene para que eso no suceda? —preguntó Francesco, algo molesto.

—Porque es nuestro libre albedrío. Él no puede hacer nada.

—¿Y no hay forma de que la persona, desde la tierra, corte esos designios?

—Sí hay gente capacitada para ayudarlos.

—¿Y realmente lo logran? ¿Quién tiene más poder: el antepasado que desea que el descendiente culmine algo o la persona que está en la vida intentando cortar con esas cargas?

—Tiene más fuerza... —se quedó pensando el maestro—. No lo sé. Habría que preguntarle a alguien en el cielo si ganó él, como antepasado, o la persona que hizo un movimiento espiritual en la tierra para cortar con todo, porque los dos tienen libre albedrío. Pero ven, Francesco. No te quedes ahí parado, observa todo lo que quieras, ahora que tienes tiempo de hacerlo.

Francesco recorrió el lugar y miró unos tambores y unas arpas. Preguntó:

—¿Y esto?

—Son los instrumentos preferidos de los antepasados. El arpa los lleva a conectarse con la parte amorosa de sus descendientes. Cuando uno de ellos escucha su sonido, el antepasado baja y lo acompaña. Cada vibración del arpa le permite escuchar sus pensamientos. Y con los tambores, los espíritus se conectan con la tierra; donde hay tambores, van a zambullirse en la vida, a mezclarse entre las personas y les encanta bailar con ellas.

—No me veo bailando en medio de ellas, pero sí confieso que he bajado muchas veces cuando escucho arpas. También me atraen a la tierra el aroma del café y el del pasto mojado, así como el de leña en las tardes de invierno. A veces ruego que alguien en la vida queme copal o llene un florero con jazmines o gardenias.

—Ese aroma también me conecta con las energías que conozco de la vida —dijo Pastor—. ¡A mí me gustan los delfines!: saben hablar con nosotros y nosotros con ellos.

—¡Qué maravilla tanto mundo! Estamos tan lejos y tan cerca... —dijo Francesco.

—Sí, Francesco. Al final, el mundo de los antepasados y el de los descendientes es el mismo; pasan los años, las modas y las civilizaciones, pero seguimos siendo los mismos.

—Somos los primates y los cibernautas.

—Sí —dijo el maestro—. Ya es tiempo de que aquí tengamos computadores e internet, si no ¿cómo vamos a comunicarnos?

Francesco tuvo un ataque de risa.

—Te imaginas a Dios que, en lugar de tener un libro donde tache con una pluma los nombres de miles de personas al día, sólo abra un archivo y lo borre. ¿No crees que sería para él más práctico? —los dos se rieron.

—Francesco, si tienes alguna duda sobre la vida aquí o en la tierra, ve a hablar con Dios. Él dice que si tú no hablas con él, no podrás escucharlo nunca.

—No tengo nada que preguntarle, sólo agradecerle. Pero me imagino que debe sentir la gratitud que llevo en el alma. Además, no sabría qué preguntarle y no voy a interrumpirlo con tonterías.

El maestro de los antepasados acomodaba vasijas de barro y varios utensilios. Francesco tomó unos portarretratos en color sepia y se preguntó: *¿Qué tiene que ver este color con los antepasados?*

—Toma un álbum de fotos de algunas de tus vidas —le dijo Pastor mostrándole una canasta inmensa con álbumes de fotos en su interior—. ¿De cuál vida quieres ver?

—No sé si quiero verlas. Creo que me dan algo de miedo.

—¿Miedo de qué?

—¿Esto no me traerá apego? —preguntó Francesco.

—¿Y qué tiene de malo que te apegues a un recuerdo? Sólo es el recordatorio del amor de alguna de tus vidas.

—No recuerdo ninguna vida en la que sólo haya puesto un poco de amor, puse mucho más de lo que el otro podía recibir. Sé que no estuvo bien, pero así soy.

El maestro le dijo:

—No te culpo, aquí todos somos iguales. El amor nos da la fuerza para estar en la vida y, lamentablemente, nos apega. Ser insensibles y desapegados no le ayuda a nadie en la tierra. Como no te decides por cuál vida quieres ver fotos, voy a elegir yo.

Entonces el maestro hizo un chasquido con sus dedos y al instante aparecieron pilas de álbumes de fotos de la última vida de Francesco. Éste tomó uno entre sus manos, lo fue abriendo poco a poco, temeroso de tener reminiscencias. Se le llenaron los ojos de lágrimas cuando miró a sus hijos y a su esposa de una de sus vidas; sintió un *déjà vu*, ligero y bonito. Vio su casa... Luego se entusiasmó y siguió viendo más fotos; encontró algunas de sus padres y sus hermanos. Y se sintió pequeño ante tanta historia y al mismo tiempo libre de estar en el paraíso. Aunque reconoció que él tenía sus historias perdonadas, pensó que habría que ser más cuidadosos con los afectos durante la vida, porque un daño familiar podría acarrear una carga por más de cinco generaciones.

—El hecho de que tengas las fotos de todos los tiempos y que puedas verlas cuando quieras con sólo pensarlo, ¡es maravilloso!

—Así es, Francesco. Todo espíritu que quiera ver fotos de sus vidas pasadas aquí las puede encontrar.

—¿Y por qué tendrían esa curiosidad? ¿Crees que ellos extrañen?

—Sí, Francesco, sí extrañan. Pero no con esa sensación de nostalgia y dolor, como a la que estamos acostumbrados en la tierra. En realidad es un sentimiento más puro, más íntimo, más amoroso, sin apegos. Como sabes, aquí llegan cartas de bisnietos o tataranietos pidiéndoles que quieren cortar con aquellas repeticiones que están reviviendo. Cuando los antepasados reciben esas cartas, no siempre se acuerdan de las historias; entonces vienen aquí y piden que les dejemos ver las fotos del descendiente al que quieren ayudar. Para que la ayuda funcione, solicitan que sea en color sepia. Un color que indica sangre, que da una sensación de antigüedad y pertenencia. Por cierto, ¿ya conociste al molusco llamado Sepia? ¿Ya visitaste los acuarios?

—No, no he ido.

—Ve a verlo. Es un molusco increíble; tiene un caparazón y diez brazos. Parece un pulpo, aunque un poco más raro y curioso, de él se obtiene un colorante rojizo claro parecido al color sepia. Además tiene tres corazones.

—¿Tres corazones?

—Sí, como todos los antepasados.

—No entiendo.

—Mira, Francesco: como ya has sido informado, el maestro Agustín deposita las cartas en el árbol que les corresponde, de acuerdo con lo que tenga que resolver cada persona; por eso, entre varios, existe el árbol que recibe el abuso; otro que recibe el maltrato y uno más el que recibe la infidelidad. A esta última la gente la ve como algo maldito, aberrante; pero es común. Cada antepasado tiene muchas historias, algunas lindas, otras no tanto, pero de lo que sí estoy seguro es de que hay personas que han querido a más de una pareja y han tenido amantes. Por eso, el molusco Sepia tiene tres corazones: representa aquellas ocasiones en que las parejas se han podido sostener cuando hay un tercero.

—¡Pero esto está mal! Lo dicen las escrituras religiosas.

—Francesco, ¡la religión es una cosa y el dogma es otra!

—De verdad no te entiendo. El dogma es lo que te guía, es la práctica, la doctrina, el ritual que te acerca a la religión. Y la religión es la que te encauza hacia el guía; así, sigues a un dios o un maestro y a él le rezas. En la espiritualidad sigues al Universo y cantas mantras o realizas *mudras*, a través de doctrinas para vibrar con el mundo espiritual. En la vida tu padre es quien te enseña la doctrina.

—Sí, pero entre el dicho y el hecho hay mucho trecho. Muchas veces para que una pareja funcione, se necesitan tres.

—Pero siempre que hay un tercero en discordia, las cosas empeoran y la relación de las parejas se fractura.

—Siempre habrá algo que rompa lo que no es real, llámese como sea. Si te pones a pensar, el verdadero amor no lo puede romper nada ni nadie. Y quien se equivoque al dejar lastimado a un verdadero amor, ése sí la pagará mal en aquella vida. Los amores de parejas y de amistad se tienen que cuidar porque son únicos. Muchas veces, las familias no son tan incondicionales ni sanas, pero el poder del amor y de la amistad poseen una belleza tan grande que no puede describirse con palabras.

Mientras escuchaba al maestro, Francesco miraba los álbumes de fotos de sus vidas anteriores. Suspiró y pensó en voz alta:

—Tanto esfuerzo, tanto sufrimiento inútil para quedar sólo en un álbum de color sepia.

El maestro se reía de los comentarios de Francesco, a veces infantiles e inocentes, y otras, crueles.

—Acompáñame a dar un paseo por el puente. Pero primero debo acomodar estas vasijas antiguas.

—¿Y para qué quieres acomodarlas si no es urgente que lo hagas? ¿O sí lo es?

—Si las cosas no se acomodan de inmediato luego se olvidan y no se encuentran. El mayor problema de los hombres que no pueden alcanzar el éxito es que no llevan un orden en sus cosas. Estos utensilios son muy especiales, porque contienen toda la información de la humanidad. El hombre tiene fuego en el espíritu y para darle vida Dios lo moldeó con barro: tomó un poco de tierra y otro poco de agua, y comenzó a hacer la figura. La tierra representa la materia y el agua, las emociones. Con sus propias manos lo moldeó para hacerlo totalmente perfecto. Luego necesitó del padre sol para que lo secara. Colocó el fuego en su interior y le dio vida con un soplo de aire.

—¿De verdad crees eso? —preguntó Francesco, asombrado por la forma de pensar de su amigo, al que juzgaba un poco por sus ideas un tanto ignorantes o locas.

—Ay, Francesco. A estas alturas puedo leer perfectamente tu mente y saber qué piensas. Las vasijas fueron confeccionadas por las mujeres, a diferencia de las herramientas que hacían los hombres, como las armas para cazar. En las vasijas, ellas simbolizaron los embarazos. Sin duda, el barro representa al hombre. Entonces, ¿te gustaría acompañarme a dar un paseo?

—Sí, tal parece que seguiré de vacaciones.

Ser libre

Ser libre no tiene nada que ver con dejar todo al azar.

Ser libre es tener una conducta y un proyecto para actuar.

El maestro Pastor tomó un bastón y le dijo a Francesco:

—Nos hará bien dar ese buen paseo.

—¿Desde cuándo usas bastón? Si aquí no padecemos dolencias físicas.

—¡A mí me gusta usarlo! De vez en cuando, me gusta tomar uno de los que tengo en la entrada de Sepia. Siento en ellos la fuerza de los destierros. El bastón es el símbolo de los peregrinos y de quienes eran desterrados de sus tierras. A los que se les había dicho que no les pertenecía nada, acostumbraban llevar un bastón blanco. Este color es el símbolo de la renuncia, de aquellos que sabían que nos les pertenecía nada material. Y lo llevo para recordar que el lugar al que pertenezco tampoco es mío. Así es la vida del inmigrante o del extranjero: esa persona que se siente excluida; la que sabe que ya no tiene un lugar en su clan; que no le pertenece su casa, ni su familia, ni sus cosas. Un bastón blanco, precisamente como éste, es el que usan los invidentes; ellos son parte de un mundo espiritual, íntimo, no les pertenece la vida terrenal porque ésta es exclusiva de quienes están en el mundo de los sentidos. Saber que nada te pertenece es transitar el camino del ermitaño, el de Dionisio Aizcorbe, guía de los que saben habitar su cueva interna, la que resguarda todo el conocimiento.

—¿Entonces cuando una persona sale de su país hacia un nuevo territorio, realiza una conquista o no?

—Cuando una persona sale de su territorio se conquista a sí misma, renuncia al pasado y vive el presente. Si además puede concretar un amor o un trabajo y sentirse bien en otro país podría decirse que se apropia de su mundo material. Si luego cambia de residencia y se dirige a una nueva nación, no habrá duda alguna de que volverá a conquistarla, y lo logró porque supo ser un peregrino y aprendió el camino de la libertad; se convirtió en una persona libre de corazón. Tendrá el mundo a sus pies, aunque ningún lugar sea suyo en verdad. El mundo de los valientes es de quienes van de un lado a otro, de una casa a otra, de un país a otro.

—Pero me imagino que debe ser cansado ir y venir; lo digo porque yo siempre viví en las mismas casas. De lo que puedo recordar de mis vidas pasadas, no migré nunca. Donde nací, siempre me quedé.

—Francesco, ¿no dijiste que recuerdas pocas vidas tuyas?

—Bueno, menciono las que recuerdo. Siempre viví en una o dos casas: la de mi niñez y la de adulto. Incluso me acuerdo de haber tenido, en cada vida, un solo matrimonio y casi siempre el mismo trabajo.

—Nunca digo que algo esté bien o mal. Escucha: ir y regresar es como hilvanar un ovillo de lana y desenrollarlo cuando se va a tejer, y al final quizá no se teja nada. Sin embargo, lo ideal es saber que se pueden entrelazar las tramas de los tejidos y crear una prenda hermosa. No siempre somos tejedores, hay gente que sólo deshilvana y ése es su trabajo; hay gente que teje, y otra une lo que se tejió y le da forma a todo. Sí, es cansado perderse, ir de un lugar a otro. A veces las personas emigran porque no les va bien, pero siguen siendo pasajeros, peregrinos... quizá más tristes y sintiéndose fracasados. También hay personas que se ven obligadas a elegir países donde no las quieren y si entran ilegalmente, por supuesto, les cuesta más trabajo estar bien; pero también hay peregrinos que en el fondo escogen lugares para que los sigan excluyendo. Mira cómo el árbol de los inmigrantes ilegales está lleno de cartas. No es fácil ayudarlos pero tampoco imposible, porque aquí el imposible no existe. Nadie debería estar de manera ilegal en ningún lado, porque estaría escondido y si está oculto no puede salir a luchar, a conquistar. Como te dije, el mundo es de los valientes, pero debe haber reglas, orden. El universo es orden, y si una persona es un extranjero tiene que saberse forastero. Aunque, la verdad, las fronteras no deberían existir; pero el mundo es el mundo, y sin pasaporte no se puede ir a ningún lado.

—Yo creo que el mundo no debería tener límites ni fronteras.

—Aquí hay fronteras: están separados el cielo y la tierra. Tu bosque está separado de este lugar; para llegar aquí, tuviste que cruzar el puente, y un puente es separación. Si quieres orden, todas las cosas deben tener un lugar, y a veces la separación es necesaria. Como puede ser la separación de una relación, o la muerte misma. La muerte es necesaria, de lo contrario la vida no existiría. En algunos momentos de nuestra vida nos sentimos ajenos al lugar que habitamos, somos unos desconocidos de nosotros mismos, porque cuando aprendemos algo nuevo nos convertimos en el extranjero que quiere habitar un espacio inédito.

Mientras Pastor y Francesco cruzaban el puente miraron hacia abajo. El maestro le dijo:

—Mira, ahí está tu bosque. La visión cambia si lo ves desde arriba o si estás abajo en su interior, como todas las cosas; vistas desde donde sea, éstas siempre serán diferentes. El niño ve a su abuelo como si le faltaran siglos para alcanzar su edad, y el anciano ve al nieto sabiendo que todo quedó muy lejos: su niñez, su vida sexual, su crecimiento... Lo que no sabe es que, desde nuestra visión, no hay tiempo que separe. Como este puente que une las dos orillas: alguien tuvo que confiar en que no se iba a caer, y al final, cuando menos se lo espera, ya está en el otro extremo. Todo es tan rápido que parece lento; es como el tiempo que transcurre cuando el hijo se tarda más de la cuenta al regresar a su casa: la madre, en esa espera, se desespera. El tiempo se vuelve lento para aquel que anhela que su deseo se cumpla rápidamente. El tiempo es lento cuando es el día de un examen, la extracción de una muela, la antesala a una cirugía. En cambio, el tiempo que transcurre cuando los amantes se besan, quisieran detenerlo porque en sí sólo dura un instante. Cuando estás en este lugar maravilloso, te das cuenta de que todo ese esfuerzo humano por querer retener en el tiempo lo que se ama, fue en vano. El tiempo se va, no se queda; lo verdaderamente grande sólo tiene un significado: el significado del amor; lo demás se lo lleva el tiempo. Cuando estamos en la vida se nos olvida todo, y cuando estamos en el cielo, se nos olvida un poco la vida.

—Eso lo recuerdo bien —dijo Francesco—. Fui alumno, fui maestro, fui ignorante y fui consciente. He pasado por todos los estadios y sigo aprendiendo...

En el camino se les cruzaron varios animales: un zorro, un lobo y un coyote; este último es considerado un animal sagrado en el cielo; representa a los artistas.

—¿Viste al coyote? Ellos son suspicaces y algo sigilosos, pero suelen tropezarse con la misma piedra dos veces, por lo que se les considera un tanto torpes, como todos los sentimentales y crédulos. Y cuando una persona se ha creído muchos cuentos, un día le llega la hora de contárselos a los demás. Un artista, al pintar, escribir o bailar, crece y puede decir que aprendió la lección. Las personas automatizadas, concentradas sólo en su trabajo, jamás lograrán alcanzar la belleza en lo que hacen, pues donde no está el sentimiento no está la magia. La magia está en los sentimientos, en esos cuentos que te leyeron de niño, en las mentiras, en las leyendas y en las historias de familia o de pareja. Es todo un artesano quien puede culparse a sí mismo sin necesidad de romperse; quien tuvo la sencillez de dejarse moldear por la vida, sin resistirse. Tonto aquel que cree que todo está bajo control; bajo control no tiene nada. La muerte es lo único seguro que tiene. Mientras haya vida, sólo hay que dejarse llevar por el camino. Un camino que se transita en solitario, a pesar de que uno crea que está acompañado. Cuando lleguemos al final del puente hay una bifurcación: ¿quieres tomar el camino de la derecha o ir al bosque, que es el de la izquierda? —le preguntó Pastor a Francesco.

—Prefiero ir al bosque, aunque aún no tengo en claro

mis tareas. Dime: ¿qué hay del otro lado? ¿Hay historias, gurús, tradiciones? ¿Es como Las Vegas de la historia del mundo?

—Algo así —respondió el maestro, con una sonrisa.

Se dieron un abrazo lleno de amor.

Francesco siguió su camino en dirección al bosque. Cuando llegó, logró entrar después de buscar la llave en una maceta llena de orquídeas. Caminó y buscó una palmera para descansar.

Entonces, la palmera le habló:

—Hola. ¿Te recostaste a mi lado porque me elegiste o fue pura casualidad?

Francesco no sabía que los árboles hablaran, hasta ahora.

—Soy yo la depositaria de la historia de los cocos y los dátiles que, por si no los recuerdas, son una especie de almendras encerradas en cortezas carnosas. También el ave fénix resucitaba a mi lado. La gente levanta la palma de su mano para saludar, bendecir o mostrar que es honesta. A veces he creído que represento el árbol de la vida, el del Edén. A lo largo de la historia han intercambiado mis frutos, porque soy el símbolo de la honestidad. Uno de nuestros grandes maestros, Jesús, me eligió para darle la bienvenida cuando entró en Jerusalén. Soy el símbolo de la bienvenida a la salvación; del deseo de las personas por cambiar. Me han elegido para sanar. Piensa en todos aquellos que quieren ser mejor cada día, que levantan su mano para mostrar su honestidad, que no tienen nada que esconder, que extienden la mano a quien lo necesite. Aquel que necesite justicia terrenal, no sólo divina, necesitará recostarse en mí. De los árboles soy el más humilde: me he inclinado ante la madre de Jesús cuando ella no podía alcanzar mis frutos. Soy el símbolo de la resiliencia, de la no aceptación del disgusto. Bendigo con mis cocos a las personas capaces de soportar lo que no les gusta, con tal de saber que después habrá un mejor momento, un regalo oculto, una bendición. Mis cocos limpian todo el espacio contaminado de energías negativas. Soy generosa para que disfruten de lo que les puedo dar. Las personas no nos saben valorar, no conocen los poderes mágicos de los árboles. Cuando talan un árbol en la tierra, también muere uno aquí. Y entonces nos preocupamos y nos ocupamos en ver cómo ayudamos a esa gente que no tiene idea de lo fundamentales que somos en sus vidas. Tenemos mucho por trabajar en este lugar para que algo cambie allá abajo.

Francesco tocó su tronco y se quedó dormido. Tuvo un sueño muy bonito con el amor de su vida... Camila: la veía en el cielo, e incluso en el mismo sueño llegó a pensar que seguía obsesionado con esa historia compartida.

Esto no está bien, se dijo al despertar. *¡Tantos años, tantas vidas y no poder olvidarla!*

La palmera volvió a hablarle:

—Francesco, has tenido un sueño mientras descansabas sobre mí, porque también soy el árbol de los amantes. En algunos libros hindúes aparezco en medio de ellos. Las palmeras cumplimos los sueños de quienes se recuestan sobre nuestro tronco. Sabemos leer su inconsciente y sus sentimientos. Quien debe olvidar amores y no puede recuperarse, encontrará la sanación recostándose sobre nosotros. Somos delgados pero fuertes, con poderes sanadores para el amor. Entendemos al ser humano y comprendemos que cuando el alma no suelta o no deja de querer a alguien, se debe a que la otra persona tampoco ha soltado ese amor. Nosotros sabemos cómo quitar esos recuerdos, porque en nuestros troncos reside la magia para sanar los malos amores o los buenos que parece que no volverán a repetirse. Somos sumamente generosas para dar amor. Nuestras raíces van al inconsciente de las personas que también están buscando a alguien a quien amar. Aunque, ¿no crees, Francesco, que —a pesar de que las personas se sientan solas— la soledad es magnífica y que todas las personas tendrían que estar solas en algún momento de su vida para crecer, porque es una forma de avanzar?

—No lo sé —dijo Francesco—. Me he sentido solo en varias de mis vidas y creo que es un error de los humanos creer que se debe estar acompañado siempre. Por suerte, con el tiempo y con los años, nos vamos haciendo más selectivos; al hacernos adultos preferimos la soledad a estar mal acompañados.

—La próxima vez que estés en la vida, si es que vuelves y te acuerdas, aconseja a esos solitarios que buscan un amor de cuentos de hadas que se apoyen en mí, que pongan su columna sobre mi tronco y trabajen su soledad... Cuando se trabaja la soledad, la compañía aparece sola.

—Está bien —le dijo Francesco—. Gracias por tus palabras. No creo volver a la vida, pero la primera persona que se va a recostar sobre una palmera seré yo.

¿Por qué es imposible olvidar a Camila?, se preguntó.

La palmera le tiró un coco en la cabeza. Francesco miró hacia arriba y se burló de ella:

—No me duelen tus golpes, sólo los del corazón lastiman.

Francesco continuó su camino por el bosque y encontró el árbol del amor de pareja. Su zanja, rebosante de cartas, era del doble de tamaño que las de los otros árboles. Además su apariencia era distinta, extraña: cada fruto tenía un color diferente. Francesco buscó el papiro dentro del sobre de cobre a fin de encontrar el significado del amor de pareja en el cielo.

Una cosa es Cupido y otra, el amor, pensó. Él, que había sufrido de amores en tantas vidas, recordó con nostalgia a Camila, su alma gemela, con quien no tuvo la oportunidad de vivir como pareja. *Una cosa son los sentimientos y otras, las emociones. Emocionarse por celos y herir con palabras o emocionarse por un beso, que se pierde por ser efímero. Un día pensar algo del ser amado y al otro día, despertarse con un pensamiento por completo distinto. Los sentimientos fluctúan como lo hace el agua en el río; aunque hubiera querido bañarme dos veces en él, no sería la misma agua. Los sentimientos amorosos son tan contradictorios y cambiantes, que sólo la paciencia puede contenerlos.*

Cuando abrió el sobre, vio tantos papiros por leer, que se sentó y recargó la espalda en el robusto tronco de ese árbol tan misterioso.

El amor no es producto de un compromiso de dos enamorados que no han pasado las vicisitudes del tiempo. Es ese sentimiento honesto de quienes se miran cara a cara, cada una sabiendo lo que ha traicionado, mentido u omitido. Los dos se han fallado y los dos se han perdonado. El alma no soporta las mentiras o la crueldad, sólo da cabida al amor. Ese momento en que las dos personas deciden continuar, a pesar de todo, es el amor; entonces dejan atrás las heridas y las olvidan, para nunca más traerlas al presente. Es tan poderoso que no habrá nada que lo traicione, ni siquiera la fuerza de Afrodita con la energía de la pasión. No hay dios celoso que perturbe el amor real.

El camino del amor es hacerle frente a una contrariedad, juntos. El amor verdadero no confronta, enfrenta; habla con sinceridad, y si uno miente, porque nadie está eximido, debe reconocerlo y tomar una acción correctiva. Y celebrar esa unión. El amor es un sentimiento absoluto vertido hacia el ser interno, con sus valores; un compromiso con el crecimiento interior para darle lo mejor al otro. El que vibra en el verdadero amor, en ese amor propio y sano, sabe cuánto dar, en dónde dar y cuándo retirarse; porque si el otro no entiende, si no razona, el amor no debe quedarse estancado en esa persona.

El que se queda a sufrir se llenará de sentimientos de aflicción y no tendrá las herramientas para amar de buena manera a las próximas personas que vengan con el corazón en la mano. El alma es noble y no siempre sabe cuándo es el momento de partir. Muchas veces la paciencia, amiga entrañable de la justicia, le avisa que ya es tiempo de retirarse, porque ya no podrá aprender en compañía de ese otro. A pesar de que la paciencia la tire de un brazo para que siga su camino, la esperanza, tramposa, la tira del otro brazo; y en el alma surgen sentimientos de culpa y el miedo a quedarse sola. Hasta que al final se rompe. Y cuando el alma se rompe, el amor se queda fuera.

Esto le ha pasado a mucha gente en la tierra, sobre todo a las mujeres. Hay millones de seres humanos que buscan un amor con esperanza, y otros tantos que no quieren a nadie a su lado por temor a ser heridos. Y estos últimos, que afirman sentirse tranquilos por estar solos, se mienten; están heridos y miedosos como un pollito mojado por la lluvia. Los que renuncian al amor tendrán mucho por resolver en las próximas vidas. Ellos son buenos y tienen que abrirse a los nuevos amores. No siempre se repiten las malas historias. La vida tiene un límite de sufrimiento y desilusiones. Sí, puede perderse el amor, pero al final hay una princesa para ser rescatada y un ser noble y sagaz que desea lo mejor para ella. No hay edad para recibir el amor; ni hay edad para renunciar a él por culpa de los que no supieron valorar esta fuerza. Sólo hay que tener presente que nada dura para siempre ni puede ser perfecto y absoluto. Lo único que posee estas características es la mente universal de Dios.

Francesco leyó y releyó algunos párrafos de esos papiros, y se preguntó si realmente había superado el amor de Camila. Recordó que hubo vidas en las que se sintió vacío y que, por más que lo intentó, no pudo enamorarse; sin embargo, esas vidas en las que descreyó del amor y sólo se dedicó a trabajar y a vivir como un robot, no quedaron tan impresas en su memoria como aquellas en las sí se enamoró de alguien. Esto es porque el amor es una energía que mueve a las personas hacia la alegría y el entusiasmo. Y si la palabra *entusiasmo* significa llevar a dios dentro, entonces algo bueno ofrece la pasión de Afrodita.

Francesco pensó que no cambiaría los momentos que había vivido con Camila por nada. Sin embargo, reconoció que no todas las personas encuentran a su alma gemela. Y se preguntó dónde estaría ella.

—No hay amor más perfecto que el que no se ha concretado —Francesco escuchó una voz. Miró hacia todos lados para saber de dónde provenía, hasta que vio a un hada. Ella se arreglaba en ese momento una de sus alas que se había enredado en su vestido dorado.

—¿Quién eres?

—Soy Magia, el hada del bosque y cuido de este árbol. Debo estar pendiente de que las cartas que llegan no se pierdan o que se las lleve el viento a otro árbol.

—Hola, Magia. Dime: ¿qué pasaría si una carta, en la que solicitan encontrar el amor de su vida, se va a otro árbol?

—Lo desconozco —dijo el hada—. Sólo tengo órdenes de que no se pierdan, y hasta ahora he sido muy responsable: cuando advierto que alguna está por volar, la atrapo y la vuelvo a meter en la zanja.

Francesco se inclinó, extendió la palma de su mano para que Magia se posara en ella y le preguntó:

—¿Así que el amor es mejor cuando se queda en la ilusión?

—¿Sabes? El amor, en algún momento, tendrá un final, ya sea porque las personas se separan o se mueren; recuerda que nacemos solos y morimos solos.

—¿Y has leído lo que dicen las cartas?

—No te voy a mentir, a pesar de que no es mi misión, lo he hecho. Todas dicen lo mismo: "Nadie me quiere y yo valgo mucho", "Seguro ya soy vieja y fea, por eso estoy sola".

—¿En serio escriben eso las mujeres? —dijo Francesco, con una sonrisa.

—Sí —respondió el hada, sonriendo a la vez—, te juro que dicen eso.

—No puede ser que no se valoren, cuando ellas valen oro.

—Sí, el amor es ciego, como pensar que tenga que ver con la belleza —dijo el hada, encogiéndose de hombros—. Porque incluso a las más lindas también las dejan.

Magia batió sus alas y se fue volando hasta que se percató de que no se había despedido. Regresó y le dijo a Francesco:

—Creo que este árbol está un poco loco: sus frutos cambian de color todos los días. No se conoce con certeza su nombre, pero algunos semidioses de la mitología los llaman ambrosía.

—¿Ambrosía?

—Sí, es el símbolo de la leche materna, casi tan dulce como la miel. Si quieres probarlo, puedo traerte un poco; con mi varita puedo picar una de las frutas. El dios Sol se alimentaba de ellas hasta que un día se hartó de tanto dulzor; se hizo viril y entonces dejó de probar cosas dulces.

—Querida hada, qué imaginación tienes. ¿Cómo puedes creer que el Sol comiera frutas dulces y luego se haya hartado de ellas? ¿Y ahora qué come? ¿Alimentos salados?

—Sí, ahora el Sol sólo reconoce lo salado.

Francesco percibió la convicción con la que Magia pronunciaba esas palabras y se quedó pensativo.

—Te veo pronto —dijo el hada y se alejó volando.

Él se despidió con la mano y miró hacia el gran árbol. Vio sus frutos de colores, y fue a él. Lo abrazó pensando en Camila, en su aroma, en su voz, en sus caricias... y no pudo hacer más que agradecerle a la vida y a la muerte el poder disfrutar el presente.

El amor va de dentro hacia fuera

> Es una locura odiar a todas las rosas sólo porque una te pinchó.
>
> Renunciar a todos tus sueños sólo porque uno de ellos no se cumplió.
>
> ANTOINE DE SAINT-EXUPÉRY

Francesco se despertó temprano ese día; una luz brillante interrumpió su sueño: el Sol había salido antes de tiempo. A veces pasaban estas cosas en el cielo, situaciones extrañas que los espíritus no podían explicarse, pero alguna razón debería tener Dios para crear esos cambios repentinos.

Al iniciar su recorrido, vio a una niña que se aproximaba con un jugo en la mano. Ella se lo entregó, al tiempo que le decía:

—¿Quieres?

—Y tú, ¿quién eres? —preguntó Francesco.

—Soy Jazmín. Me ves como una niña porque aquí elegimos la edad que más nos gustó en la vida. Es una lástima que debamos conservar el mismo sexo. Pero ahora que estoy en el cielo, juego y vivo en un mundo de fantasías; hago el papel de una niña que salió de un cuento, porque los cuentos surgen de la realidad.

—Te agradezco el gesto —dijo Francesco y probó el jugo—. Está riquísimo, ¿de qué es? —preguntó.

—De las raíces de todos los árboles. Es para que te enraíces al cielo.

—Entonces, ¿si tomo el jugo de algún árbol me sucede lo mismo que a él?

—Así es —dijo la niña.

—No sé si creerte. Dime, ¿por qué dices que saliste de un cuento? Los cuentos no son parte de la realidad.

—¿No has escuchado hablar a un árbol? En la tierra no te creerían si les dijeras que los árboles hablan.

—Es verdad. Nadie va a creerme.

La niña se rio.

—Me habría encantado salir de un cuento de hadas y convertirme en una princesita, pero creo que más bien salí de un cuento de terror.

—¿En serio?

—No es broma.

Francesco tomó un sorbo del jugo y lo saboreó.

—¿Es de jengibre?

—Sí. Representa la raíz de todas las plantas y árboles del universo. De ellos, las raíces es lo primero que crece y se amoldan a cualquier lugar donde puedan crecer: tierra, arena, agua y aire.

Francesco miró hacia arriba y observó que, en efecto, de algunos árboles colgaban raíces.

La niña le siguió contando:

—Las raíces son primordiales para crecer: donde esté puesta la semilla, en el lugar que sea, las raíces leerán el tipo de suelo y sabrán cómo serán cuando crezcan. Los árboles y las personas se parecen mucho; por eso una persona desterrada, una persona sin raíces, suele tener dolor en las plantas de los pies. Al no saber cuál lugar es su raíz, qué tierra le corresponde pisar, su cuerpo no sabrá a dónde ir y el dolor será la queja de lo que la mente y el espíritu no pueden resolver.

Francesco, después de escucharla, le preguntó:

—¿Y tú crees que no es bueno no echar raíces? ¿Que debe elegirse un lugar fijo donde estar? ¿Crees que no es sano ser un poco del aire y un poco de la tierra?

—Se puede ser un poco y un poco. Pero no se puede crecer muy alto sin unas buenas raíces. Sólo se crece con fortaleza cuando la raíz penetra en el terreno que se ha elegido para que crezca el árbol. Las personas son como los árboles: no resulta fácil identificarse con el territorio que se pisa. Los árboles son firmes; desde que el hombre tuvo uso de razón ha intentado treparlos, al igual que algunos animales. Un hombre es un árbol: en cuanto puede ponerse en pie, su columna vertebral se convierte en el tronco. Si una persona es honesta, si tiene abiertas las palmas de las manos como muestra de que puede conceder, da frutos como los árboles. Si una persona es deshonesta, tal vez podrá seguir recogiendo algunos frutos durante un tiempo, pero sus descendientes no tendrán manera de recoger nada. Echar raíces debería tener un sentido más profundo: a veces puede ser en un país, en una pareja o en un trabajo, pero también se debe ser flexible para vivir los cambios, porque el tiempo todo lo transforma y las personas pueden cambiar de pareja, trabajo o de residencia. Hay que tener cuidado para no convertirse en un errabundo, porque es una señal de que su alma está inquieta. Y un alma inquieta refleja que hay algo que trabajar en la historia con sus antepasados. El ser humano sólo tiene una misión: dejar buenas huellas en la vida de sus descendientes. Recuerda que allá abajo se dice que, para sentirse realizado en la vida, se necesita tener un hijo, escribir un libro y plantar un árbol. Las personas que no echan raíces son de todos lados. Estoy de acuerdo en que los extremos son malos, y quizás en alguna de tus vidas, Francesco, te sentiste algo temeroso respecto a los cambios, y sólo tuviste un auto y fuiste de vacaciones siempre al mismo lugar.

—¿Cómo lo sabes? —preguntó Francesco.

—Te conozco. Seguramente antes de morir te preguntaste por qué no te arriesgaste un poco más. Esos miedos, sin duda, no te sirvieron. Una de tus misiones en el cielo podría ser que a cada espíritu que quiera nacer lo invites a conocer el bosque, para que lo recorra y extraiga la fuerza y sabiduría de los árboles. Aquellas personas que quieran permanecer en un solo lugar, tendrían que entrar en un bosque, ver cuál es el árbol más grande, con las raíces más gruesas y robustas, tocarlas y pedirles que su energía les ayude a echar raíces en muchos lugares, no en uno solo. Acuérdate de que lo semejante atrae a lo semejante. Luego podrían beber un jugo con raíces de jengibre y decirse: "Así como estoy en la vida, me enraízo en lo que quiero y dejo que los frutos de la vida estén en la mía también".

—Jazmín, eres magnífica y tan pequeña... Sé que en el cielo no hay edad, pero vaya que eres sabia.

—Francesco, por mi nombre tengo una conexión especial con los ángeles: la flor de los jazmines es la que ellos más aman. Por llamarme así, me asignaron la tarea de darles su jugo todas las mañanas.

—Y yo soy un poco ángel. Bueno, algo parecido: soy un poco ángel, un poco humano. Y un poco inocente —dijo Francesco.

—La inocencia es tan preciada en el cielo y se paga tan caro en la tierra —dijo la niña.

A Francesco le dolió esa frase. Recordó cómo en una vida anterior su hermano lo había estafado; a consecuencia de ello, él falleció. Con el tiempo supo que a su hermano no le hizo mella su dolor...

—La inocencia, Jazmín, te hace vivir en un cuento que no te pertenece. Y cuando despiertas, el dolor es inmenso. Pero ese dolor es necesario, como el que sientes después de una cirugía. No siempre se puede desconfiar de todo.

—Bueno —dijo Jazmín—, mi maestro me ha dicho: "Confía de vez en cuando, pero cada tanto verifica"; sin embargo, verificar duele.

—Sí duele —dijo Francesco.

—¿Ya recorriste el bosque de los robles? —le preguntó la niña.

—No he tenido tiempo. Creo que tendré que apurarme para conocer todo lo que hay en este bendito cielo.

—Pues la verdad te lo recomiendo, pues no sabes cuánto tiempo estarás aquí. Si, como dices, eres medio ángel y medio humano, entonces tienes una doble misión y eso complica aún más tu regreso o tu estadía aquí.

Francesco escuchó con atención a la niña y le dio la razón. De pronto, le preguntó con curiosidad:

—¿No tienes ganas de bajar a jugar a la vida?

—No, Francesco. La verdad no tengo ganas de regresar, ni de jugar, ni de crecer, ni de nada. Recuerdo que en mi vida anterior, sólo debía vivir un mes y elegí terminar mi ciclo con una familia muy amorosa. Y al mes de haber nacido, tuve que regresar aquí. Vi cómo sufrió la familia que me había esperado con tanto amor y a la que yo amé desde el momento en que estuve en el vientre de mi madre. Me pregunté: "¿Qué tal si nazco y hago sufrir a mi nueva familia, como me pasó la vez anterior?"; pedí, en cambio, quedarme aquí y cuidar de los niños más valientes que yo, aquellos que aguantan la vida, aquellos que deciden crecer en esa selva llamada vida, aquellos que quieren nacer sabiendo que la vida es una gran aventura; un juego de errores y aciertos, lleno de acertijos y de proyectos.

—Pero ¿entonces no te gustó la vida?

—Nací enferma en esa ocasión que viví sólo un mes. ¡Claro que no me gustó!

—Jamás había escuchado a alguien decir que no le gustó la vida. ¿Y las demás vidas tampoco te gustaron?

—No, no me gustaron.

—¡No seas tan tajante! Es extraño que sólo veas lo malo. ¿Tuviste familia, hermanos, juegos?

—No recuerdo nada de eso. Sólo me acuerdo de que en otra vida anterior tuve un marido que me golpeaba; luego nos abandonó a mis hijos y a mí. Como no teníamos para comer, tuve que salir a trabajar y cuando los niños crecieron, me maltrataron. Ellos se emborrachaban... —Francesco sintió la angustia de la niña cuando le narraba su historia. Al final ella dijo—: No quiero acordarme, no me gusta, no quiero volver a ser humana.

—Pero debes haber vivido momentos gratificantes, ¿por qué no puedes recordarlos? Yo evoco lo lindo, y a todos los que llegan aquí les pasa lo mismo. Además, si llegamos enfermos en el cielo recobramos la salud y la juventud. Es una maravilla poder ver nuestras vidas anteriores, así como recordar la última, y te aseguro que no rememoramos las situaciones tristes, porque sólo vemos lo bueno. A lo largo de esta estadía en el cielo y de otras que he tenido, eres la primera persona que no recuerda lo bueno de vivir. Incluso los que se suicidan aman la vida cuando la recuerdan. Jazmín, ¿ya fuiste a ver a Dios?

—¿Para qué? —preguntó la niña.

—Para que le cuentes acerca del mal sabor de boca que tienes de todas tus vidas, y le preguntes por qué te está pasando esto.

—En cuanto llegué, sí fui a las oficinas de Dios. Pude hablar con un ángel, que era uno de sus secretarios. Le solicité quedarme de manera permanente en el cielo; me dijo que si ése era mi deseo, me convertiría en ángel. Como le respondí afirmativamente, no tuve que contarle nada, no hizo falta. Creo que me vio tan determinada en mi decisión, que no se atrevió a preguntar.

Francesco sintió pena por la niña. No le pareció justo que ella se hubiera quedado con esa triste sensación de la vida.

—¿Quieres más jugo? —le preguntó Jazmín.

—No, muchas gracias —respondió Francesco y guardó silencio por un buen rato.

En ese momento, Jazmín se fue flotando.

Francesco vio a lo lejos los robles y se dirigió a ellos. En el camino pudo admirar una vez más aquel paisaje tan increíblemente bello que lo rodeaba. Disfrutó caminar entre los robles, se veían tan majestuosos, enormes y robustos, con sus bellotas y los muérdagos que colgaban de sus ramas; con miles de años y de historias... "Fuerte como un roble", suele decirse en la vida.

Debemos ser fuertes. Hay que sacar la fortaleza cuando se intenta cruzar las tormentas, se dijo Francesco.

Pensó en Jazmín y en su extraña negatividad. Él había visto muchos espíritus en el cielo y, por más que trató de hacer memoria, no conoció a alguno que se quejara como ella lo había hecho, y se preguntó por qué sólo ella albergaba esos recuerdos. Algo insólito, porque los malos recuerdos siempre se van con la ley del olvido.

Francesco decidió regresar a su bosque y, en el camino, encontró un árbol en cuyo sobre se leía: "Alma". No tenía un tronco tan robusto y sus hojas le recordaron a los muérdagos. El sobre estaba más alto que en los otros árboles, le costó un poco de esfuerzo alcanzarlo. Al abrir el pergamino se encontró con los consejos de Psique.

El alma es aquello que uno piensa, cuando se cree que posee pensamientos. El alma tiene un camino difícil que transitar: a veces permanece en una etapa donde encuentra confort en los afectos; si no fuera por el cuerpo que le marca un límite, ella continuaría allí. Si el cuerpo no madurara, la mayoría de las personas optarían por vivir por siempre en la infancia, algunas atadas a los juguetes, otras al amor de los abuelos y al de los padres.

La evolución representa un viaje hacia algo desconocido e incierto, que es el futuro, pero también pleno de juegos, coincidencias y desencuentros. Sólo los valientes toman la vida con agallas y avanzan, mientras los demás se quedan haciendo berrinches porque no quieren dejar atrás el pasado. Sí, a veces, el pasado fue tan placentero que duele soltarlo.

Hay que entregarse a la esperanza que nos da la fe. No queda otra opción que seguir el camino, soltando, con amor y agradecimiento. Cuando plantamos rosas, para admirar su belleza dentro de nuestros hogares, debemos estar conscientes de que al recogerlas pueden lastimarnos con sus espinas, pero no nos privamos de tenerlas en hermosos jarrones. De la misma manera, el alma, en su continuo movimiento, puede encontrar adversidades y sentirse derrotada, pero no por ello deberá detenerse. Quizá tenga que empezar el ciclo de nuevo, pero jamás hacer un alto.

El ángel Cupido y el amor

Todavía no te ibas y yo ya estaba planeando mil maneras para hacerte volver.

ALEJANDRA MAROCE

Francesco recorría ahora un edén contiguo a su bosque y se llevó una grata sorpresa al encontrar de nuevo el Castillo de Cristal, aquel donde se hacían los divorcios espirituales. A través de un ventanal, creyó ver al ángel Cupido. Se acercó aún más para cerciorarse de que fuera él; y sí, Cupido estaba sentado en el trono y a su lado había unas flechas tiradas en el piso. Lucía distinto y, más extraña aún, era la escena. Dio unos pequeños golpes en el ventanal y Cupido le hizo una seña con la mano, indicándole que esperara a que le abriera la puerta.

Cuando entró en el castillo, Francesco se sorprendió al ver que el lugar estaba totalmente abandonado, había perdido su esplendor. Sabía que en el lugar se realizaban los divorcios espirituales: cuando algunos espíritus entran en el cielo, las almas gemelas se reencuentran y son felices; pero otras se cuestionan por qué en la vida no se reconocieron. Si sucede esto es porque alguna de las partes solicitó un divorcio espiritual; son los maestros ascendidos quienes deciden otorgar o no el permiso de divorciarse, porque es tan sagrada esta unión que no siempre están dispuestos a concederlo. Incluso, en ocasiones, se debe preguntar a Dios si acepta la desunión. En esta decisión no interviene el libre albedrío. Cuando la persona está en la vida tiene el permiso de equivocarse o acertar en casi todos los niveles, pero en el amor, no; sí es dueña de su libre albedrío para ser pobre y adquirir riqueza; estar enferma y recuperar la salud. Pero si el alma pactó anteriormente no encontrarse con su alma gemela, cuando se reúnen otra vez en el cielo existe la posibilidad de que realicen un protocolo a fin de estar juntas de nuevo.

—Cupido, pareces apesadumbrado, ¿te sucede algo? Este lugar luce abandonado y tus flechas se ven descuidadas. ¿Qué te pasó? ¿Ya te jubilaste o la gente ya no te necesita? ¿Será que tus flechas ungidas con la energía de la pasión ya no surten efecto?

—No sé cómo explicártelo, Francesco. No sé por dónde empezar. Es muy triste lo que te contaré, pero es real: allá abajo es un desastre —dijo Cupido, mientras señalaba una bola de cristal desde la cual miraba el planeta y podía ver lo que hacían algunas personas en la tierra—. Se ha perdido la dimensión de la realidad en muchos aspectos de la vida; pero, sobre todo, del amor. El amor de pareja se perdió.

Francesco no podía creer lo que estaba escuchando.

—No puede ser. Justo vengo de estar en la vida y, que yo recuerde, no es como lo cuentas. Yo por lo menos tuve una pareja y nos respetamos, podría decir que estuvimos bastante bien, a pesar de que después supe que no era mi alma gemela. Pero esto no significa que no hayamos sido una buena pareja.

—¿Ah, sí? ¿Quién? Acuérdate de que yo todo lo sé y, que yo recuerde, no te arriesgaste por ningún amor —dijo Cupido, algo irónico. Francesco guardó silencio porque reconoció que tenía razón—. Son pocas las personas que se toman el amor en serio, ahora las parejas ya no se respetan. Si bien puedo bajar y flechar a dos personas para que establezcan una bonita relación, de nada sirve porque a los tres meses el efecto se esfumó por arte de magia, y una de las dos personas abandona la supuesta relación, como si nada. Me siento fracasado. Mandé limpiar mis flechas y hasta mi madre las examinó, pero no les encontró ningún defecto.

—¿Afrodita las revisó? ¿Tu madre también está aquí? ¿Todavía sigue teniendo la encomienda de la pasión?

—Sí, ella mantiene el fuego erótico entre los amantes y quien me ayuda siempre en este juego.

—¡Pero tu madre es peligrosa! No la juzgo, pero supongo que ella es complicada. Tú eres todo luz; siempre ayudas a través del amor que encarnas. Sabes que tienes una madre bastante difícil, ¿verdad? En fin, a ella fue a la que elegiste.

—No sé quién eligió a quién. Pero, en efecto, mi madre, como representante de la pasión, suele ser bastante peligrosa. Cuando una persona es muy intensa en sus sentimientos dentro de una relación, no me cabe duda de que muchas veces la pasión le traerá sufrimiento. La pasión es una droga, al igual que los apegos. Pero también es buena: pasión es misión. ¿Conoces a algún artista que pueda crear algo bueno sin estar apasionado?

—No —dijo Francesco—, no conozco gente creativa que no esté enamorada de su labor. Pero, Cupido, el amor de verdad siempre queda después de la pasión. Tienes que hacer algo para que las parejas perduren en ese planeta. Hablo del amor mutuo, no del amor propio, porque no me interesa que fleches a unos sí y a otros no. Sé que deberías flechar a ambas personas por igual; pero la verdad, amigo, siempre he dicho que te equivocas: no siempre le atinas a los dos. Una vez te dije que parece que flechas al de enfrente y, por tu culpa, andamos en fila india mirándolo y no volvemos la mirada al de al lado.

—Esta vez no creo que sea mi problema; ahora son ellos quienes no responden. Desde que tienen sus redes sociales, vibran en la desconfianza, en las ganas de saber y descubrir el lado oscuro del otro, y no ven el lado oscuro de sí mismos.

—Entonces ¿afirmas que desconfían demasiado del otro? ¿Y como dicen: el que busca, encuentra?

—Así es, mi querido Francesco. La cabeza inventa cosas; por eso, si una persona ve que su pareja tiene un juego de seducción con alguien más, el amor termina. El corazón no está en juego; el amor es serio y el corazón es puro y no miente.

—Pero la gente miente igual que antes, ¿o crees que se ha incrementado la posibilidad de no ser fiel?

—¿Fiel? Ser fiel no es normal. Para la naturaleza humana, la fidelidad es una condición elegida y no una virtud. En cambio, la lealtad sí lo es.

—¿Y cuál es la diferencia? —preguntó Francesco, quien estaba en desacuerdo con Cupido—. Para mí siempre han ido de la mano la fidelidad y la lealtad; así como la verdad y la confianza.

—El sentimiento de fidelidad corresponde a servir a Dios; representa el respeto a las leyes de Dios. Y en la tierra, no se sirve a Dios como realmente se debe hacer, ni se respetan sus leyes. Seamos realistas, servir aquí no es lo mismo que servir allá. Ahora, como las personas tienen más esperanza de vida porque han mejorado sus hábitos y cuentan con más información, se corre el riesgo de que las parejas se cansen más rápido de ellos mismos. Hoy vuela el tiempo en la cabeza de la gente; por ejemplo, esperar un auto o a alguien más de cinco minutos las desespera.

—¿Crees que se va a perder el amor? ¿Cómo podría evitarse?

—Claro que se va a perder la ilusión de conocer a la otra mitad. Por más que yo use mis flechas y se sientan entusiasmados con los primeros encuentros, a los cuantos meses se les apaga el entusiasmo.

Francesco estaba asombrado por las quejas de Cupido.

—¿Y tu madre, Afrodita, qué opina de todo esto?

—Bueno, ya sabes... Ella dice que la pasión entre parejas sólo sirve para la procreación, y después la pasión se separa de las almas, porque si tuvieron alguna descendencia le prestan más atención a la crianza. Cuando se va la pasión, aparezco yo, el amor. A Afrodita no le interesa el amor que yo encarno; pero a mí sí, me interesa el sentimiento genuino que provoco entre dos personas. Las almas de aquellos que desean amar, y no encuentran un eco en el amor, se sienten mal. Se sienten solos y saben que es injusto. Pero nosotros los viejos no entendemos estos nuevos tiempos. Pienso que ya nos quedamos fuera del tiempo.

—Pero hay gente joven que desea enamorarse.

—Tampoco tienen paciencia para hacerlo. No quiero regresar a flechar a nadie, ya no quiero perder el tiempo.

—Pero si tú no estás como energía divina representando al amor, entonces ellos no podrán enamorarse, no podrán vivir lo que yo he vivido.

Cupido se encogió de hombros, dando a entender que no le importaba su opinión.

Francesco no podía creerlo: Cupido estaba deprimido y ya no confiaba en el poder de sus flechas.

—¿Crees que las personas tendrían que confiar más en sus parejas?

—Confiar sería lo ideal; pero dime qué se puede hacer cuando alguna de las partes miente. ¡Cómo puedes confiar si sientes que se están burlando de ti! Si uno de ellos ya no ama al otro, es preferible que se vaya. No sé, Francesco, ya no sé que pensar.

En eso se abrió la puerta del castillo. Era Psique, la representación del alma en la mitología griega, y en el cielo, el alma gemela de Cupido. Ella es etérea, alta, de semblante pálido, cabello oscuro, ojos celestes y labios rojos y carnosos. Traía consigo dos vasos de jugo de jengibre para convidarles. Como los había visto por el ventanal, pensó en cómo acercase a ellos y la excusa fue la bebida. Después de saludarlos, les dijo:

—Lo vi juntos y quise traerles el brebaje de jengibre que prepara una amiguita; ella afirma que nos permite enraizarnos aquí.

Francesco sabía en qué consistía el brebaje y qué tramaba Psique, así que se animó a preguntarle:

—¿Tanto miedo tienes, alma, de irte de aquí para que quieras enraizarte?

Psique se puso seria y le contestó:

—Te voy a contar algo: yo, sin Cupido, no me quiero ir a ningún lado. Creo que tengo un apego hacia él.

—Recuerda que el apego es un pecado, tanto en el cielo como en la tierra —dijo Francesco—. Las personas se apegan cuando les falla su intuición y no creen en sí mismas. Se sienten solas y creen que siempre estarán solas; pero sí se vale extrañar y también sentir que hay alguien a quien vale la pena darle sus mejores momentos.

—Siempre fui un alma triste hasta que me enamoré de Cupido, y creo que a partir de entonces empecé a sufrir más. Hasta que logré trabajar el apego porque, aunque no lo creas, era mayor que el que siento ahora. Hoy soy fuerte, pero no me animo a dejar a mi amor. Ya ves lo deprimido que está. Sólo falta que sus plumas se vuelvan blancas...

—¿Cuál es el problema de que estén blancas sus plumas? —preguntó intrigado Francesco—. En este momento mis alas son doradas, pero a veces me gusta teñirlas de blanco. Recuerdo la primera vez que llegué aquí: mis alas empezaron a crecer y me dije: "Ahora por cobarde voy a parecer una gallina con plumas", y me eche a reír.

—¿Y entonces? —interrogó Eros—, ¿qué te pasó?

Psique intervino:

—En la Antigüedad las alas blancas eran símbolo de cobardía, porque cuando los gallos peleaban siempre perdían los de plumas blancas.

—Sin embargo, el blanco también es paz —dijo Francesco—. ¿Para qué pelear y pelear? ¿Para perder? Con sólo participar en una pelea ya se está perdiendo. Izar una bandera blanca es señal de paz, y no de cobardía.

—Pero en el amor todo se vale: renunciar, pelear, irse... Todo se hace, aunque esté mal hecho —dijo Psique.

—¿Qué quieres decir con eso de que en el amor todo se vale? —preguntó Francesco.

—Sostengo que en el amor hay que pelear hasta el final.

—¿Pelear? —volvió a cuestionar Francesco—. Una pelea no lleva a ningún lado.

—No sé —dijo Psique —. Tú sabes que, para no sufrir, a veces partimos antes de alcanzar la victoria. ¿Cómo saber cuándo es el tiempo correcto?

—No lo sé —dijo Francesco.

—Francesco, te recomiendo que regreses a la tierra por un día para visitar todo aquello que no viste en tus vidas anteriores. Y, por favor, observa cómo están las parejas, para que me actualices en el tema a tu regreso. Yo no he tenido el tiempo ni las ganas para hacerlo —dijo Cupido.

Francesco atendió la sugerencia de su amigo: bajó por un momento a la tierra, y como podía elegir el mundo entero para viajar, caminar, subir y bajar, paseó por Kelimutu, Delfos, el monte Tai, la iglesia del Santo Sepulcro, Teotihuacan... Y para completar la solicitud de Cupido, llegó a Goa, una playa en la India. En realidad quería ir al Ganges, pero parecía que la brújula que tomó prestada no funcionaba y lo guio mal. Sonrió cuando se vio en la playa; entonces volvió a ascender al cielo y tomó impulso para bajar ahora sí al Ganges. Se subió a una barca donde estaba una pareja joven de turistas que habían puesto unas velas en un recipiente sobre el río.

Francesco se sentó al lado de la muchacha y percibió una enorme tristeza en ella, con su mente vagando muy lejos, y el muchacho miraba hacia otro lado; parecían estar peleados. Francesco pensó que a veces en la tierra no se sabe disfrutar de la vida; era una pena que hubiera tantos momentos buenos y la gente no los apreciara. La pareja había peleado porque una chica miró intensamente al muchacho, como invitándolo para que él se acercara. Celos tontos que arruinan todo un momento, un viaje, hasta una vida...

No hay derecho a meter todo en la misma bolsa, se dijo Francesco, pensando en que quizás esta pareja había vivido situaciones bonitas y que tal vez planearon este viaje con mucha ilusión.

En ese momento, el chico sacó de su bolsillo unas galletas y se las convidó a la chica, pero ella las rechazó, diciéndole que no quería nada que viniera de él.

Francesco, al ver la escena, pensó: *Qué pena que ella no acepte las galletas. Cuando estén en el cielo y les pasen estas escenas, se darán cuenta de lo tontos que fueron al desperdiciar una tarde de sus vidas peleándose. Cuánto enojo innecesario. La mente humana es tan complicada que es difícil comprenderla cuando se está en la vida.*

Francesco lamentó no tener poderes mágicos para llenarlos de bendiciones y verlos abrazados llenos de amor.

Cuando regresó al cielo, visitó a Cupido, como habían quedado. En cuanto lo vio, lo abrazó y le dijo:

—Tienes razón. Eso que tú llamas amor parece que está casi perdido en la vida.

—No seas negativo; si pensamos así no podremos ayudar a nadie. He reflexionado y decidí bajar a enamorarlos otra vez. Revisé mis flechas y me di cuenta de que no estaban del todo bien. ¡Ahora lo estarán!

—¡Quiero ver eso! —dijo animado Francesco.

—Pronto lo verás —Cupido sacó una flecha y la colocó sobre el corazón de Francesco.

—Dispárame para bajar y volver a encontrarme con el amor de mi vida.

—No, aún no es tiempo de que bajes —le dijo Cupido.

Sentimientos y laberintos

Era de noche, el cielo estaba poblado de estrellas y los sonidos de las criaturas nocturnas creaban una gran sinfonía. Las luces de las luciérnagas no dejaban dormir a Francesco, por lo que decidió recostarse en el césped e hizo una almohada con las hojas secas. Al cabo de unos minutos, se quedó profunda y felizmente dormido. Tuvo la suerte de soñar con su maestro de la India y evocar olores, voces, formas...

Al despertar, vio que era una mañana fresca y tomó la determinación de recorrer el bosque y disfrutarlo. En el camino vio el árbol de los sentimientos encontrados.

Un pensamiento es una perla y otro, un hilo que une cada una de ellas; juntos forman un collar llamado sentimiento. Los sentimientos son tan intensos que, en ocasiones, enlazan el amor con los celos; el perdón con el arrepentimiento; la vergüenza con la venganza... Así es como se confunden los sentimientos.

El árbol que estaba mirando Francesco era poco armonioso: una parte de su tronco era rugosa y la otra lisa; unas hojas apenas estaban brotando, otras reverdecían y otras más estaban secas. Su zanja era muy profunda, con infinidad de cartas en su interior, cuyo contenido tenía algo en común: nadie pedía cambiar sus sentimientos porque, si se cambian, se transforma la vida. Algo que añadía más singularidad al árbol era que justo en él nacía el arcoíris, que, como se sabe, resulta de la unión del sol y la lluvia. Quien decide cuándo va a salir y determina su duración es Iris, una diosa contemplativa a la que siempre se le veía caminando, tierna y feliz, por el bosque, y por supuesto rodeada por una luz multicolor. A ella le gustaba reposar siempre en ese árbol.

Francesco ya conocía a la diosa, y en un encuentro le comentó que no hay justicia en los sentimientos porque responden a los pensamientos del momento y a las emociones que los dispara, y pueden perdurar y estancarse por años. Por eso, los sentimientos tienen que fluir como las aguas, deben soltarse, a fin de volver a ver a la persona, con la que se crearon, sin estigmas, sin etiquetas. Hay que permitir que salga la nobleza intrínseca de los sentimientos, generar nuevas historias, sin importar la opinión y las acciones de los demás. Si la otra persona no te entiende o no muestra interés en hacerlo, tú tienes que trabajar contigo mismo; tuya es la responsabilidad de renovarte. Debemos tomar decisiones desde lo racional y no desde ese sentimiento que nos llevó a tomar la resolución. Cuando se quiere tener todo bajo control, no hay lugar para las discusiones o las confrontaciones; se viviría en una supuesta comunión sin una separación de identidades, pero el cuerpo se rompería. Este árbol guarda muchas de estas historias. Entonces hay que saber confrontar al otro, a pesar de lo incómodo

YOHANA GARCÍA

que podría llegar a ser, y saber separarse, recobrar la identidad, afrontando que toda escisión conlleva soledad. En esos momentos de soledad, uno mismo tendrá que meditar acerca de qué causó la ruptura y, después, imaginar un arcoíris que vincule los corazones de los dos, si así se desea; de esa manera estará invitando a la otra persona a que lo visite, de corazón a corazón.

Iris le dijo al final de esa conversación: "Piensa en el arcoíris y los sentimientos volverán a ser de colores".

Mientras Francesco meditaba en las sabias palabras de Iris, se aproximó a él un espíritu bajito, delgado y muy risueño. Le preguntó a Francesco dónde estaba el árbol de la salud; era la primera vez que visitaba el cielo y estaba algo desorientado.

—Sé que es uno de los árboles que más cartas recibe. Como eres nuevo aquí, me presento: soy Francesco —le contestó.

—Mucho gusto. Sí, podría decirse que el árbol de la salud en realidad es el árbol de los enfermos —comentó el espíritu—. Pero tú y yo sabemos que las enfermedades están más en el espíritu que en el cuerpo. Son varias las etapas que pasan las personas antes de padecer una enfermedad. Al principio hay emociones que se detonan, ya sean ideas negativas u obsesiones, a las que no se les presta mucha atención; luego aparecen los síntomas; es cuando se acude al médico. O quizás alguien va sólo por un chequeo y resulta que la enfermedad es terminal, sin síntomas; esto es peor, porque la persona, al no reconocer sus limitaciones emocionales, no tuvo tiempo de tratar su enfermedad. Finalmente, los dos casos tienen el mismo resultado. El cuerpo es tan noble que nos habla en su momento. Es un territorio, un mapa, un hogar, con muchos integrantes, que son los órganos vitales. Sin duda, cuando la mente está en orden, la casa está sana. Debes saber que cada parte del cuerpo es un símbolo.

"Si alguien o algo hace que te enojes, lo que sigue es la ira y después surge la enfermedad. Sólo cuando reconoces este proceso, te darás cuenta de que ésta se manifestó a causa de la situación injusta que enfrentaste. Esto llevó a que el cuerpo hablara...

"Las personas deberían escribir una carta a esa persona, a Dios o a la enfermedad misma, contándole lo mal que las hizo sentir, y luego quemarla o enterrarla."

—Pero eso esta mal, sería como hacer magia negra —comentó Francesco, con cierta inocencia.

El espíritu se rio.

—No sé qué tipo de magia existe aquí, pero en la tierra no hay peor magia que no reconocer nuestra ira o, peor, cuando tenemos que callarnos ante el depredador, estar bajo el poder de esa persona que nos está lastimando. En esos momentos, masticamos ira, injusticia, envidia, resentimientos, y luego le deseamos lo peor; a pesar de esos oscuros pensamientos nos creemos víctimas y buenos. Entonces, dime, ¿dónde está la magia negra? Todos, sin excepción, hemos deseado que algo malo le suceda a quien nos causó algún daño. Por ejemplo, Francesco, cuando llegaste aquí y pasaron lista de todos tus malos pensamientos o de las decisiones desacertadas que tomaste en tu vida, ¿qué sentiste?

—La verdad, yo no pasé por esa experiencia. Cuando regrese aquí la última vez, me regalaron un jardín y, por cada buena acción que hacía un ser querido, fuera un familiar, amigo o conocido, brotaba una rosa. Aquí nadie me ha reprendido por mis acciones.

—¿Y has conocido a alguien que haya sido juzgado o castigado?

—Sí, pero sólo les asignaban más tareas. Podía percibir que se veían preocupados por tener que regresar a la tierra; parecía que el castigo era ése.

—Pero si te gustó la vida, no creo que sea un castigo.

—Quizás al que no quiera regresar, lo envían a peores lugares —los dos se rieron.

Continuó el espíritu:

—No es el país ni el dinero, es la gente quien hace el mundo feliz. El amor o la enfermedad tienen un sentido: ayudar a que la persona se mueva para que mejore su vida. Por ejemplo, los pies simbolizan el lugar donde una persona quiere estar. Cuando sufre de dolores en sus plantas es porque no está enraizada en ningún lado, y lo peor es que sí desea pertenecer a algún lugar. Además, deberíamos tener raíces que se adapten a la superficie donde nos corresponda crecer en ciertos momentos, pero somos necios. Si la superficie es inadecuada y la persona quiere crecer allí pese a todo, debería aprender a respetar y escuchar a su propia naturaleza; por ejemplo, el pájaro vuela, no bucea, porque si lo hiciera se ahogaría. Cuando se respeta la propia naturaleza se adquiere la conciencia para descubrirla y aceptarla.

"Una persona podría sanar haciendo una limpieza mental y espiritual de su columna. Ésta es recta y todo lo recto implica orden, disciplina, madurez y energía; sin embargo, no es rígida: las vértebras le dan la capacidad de crear el movimiento que vuelve sinuoso lo recto. Y todo lo que se mueva será flexible y la flexibilidad despertará la intuición. Entonces ser, a la vez, recto y flexible hace que una persona sea mágica. Cuando la persona siente dolor en las cervicales es porque el cuerpo le avisa que está cargando con un peso ajeno, con cruces ajenas; si pudiera repartir las responsabilidades la persona iría más liviana por la vida. No en balde la primera cervical lleva por nombre Atlas, igual que el personaje mitológico griego que fue condenado a cargar el cielo sobre sus hombros. Cuando la persona sufre de un dolor en la espalda es porque está cargando los problemas de su reencarnación, lo que significa que fue una mala encarnación.

—¿Cómo puede ser mala si la persona misma eligió esa reencarnación? —preguntó Francesco.

—Francesco, tú bien sabes que las personas no elegimos libremente. Hay personas que no tienen elección; por ejemplo, aquellas que prestan servicio, que ayudan a la humanidad, fueron elegidas para realizar esa labor.

—¿Y no pueden romper ese pacto?

—No pueden dejar de prestar el servicio, pero sí dejar atrás el dolor.

—¿Y cómo pueden deshacerse del dolor?

—Te daré una receta: la persona que presta un servicio a la humanidad tiene que apartarse de su familia; no se puede estar en la procesión y en la misa.

Francesco iba a opinar que no era justo, pero decidió callarse cuando se acordó de su vida en la India: en ella tuvo que olvidarse del amor de su alma gemela y del amor de sus hijas y tuvo que aceptar la resignación de su madre, todo por su maestro, y jamás se arrepintió.

—A veces la familia de sangre te queda pequeña. No digo que se deje atrás, sino que la persona admite que, por más que siembre, no cosechará el reconocimiento en ese núcleo. Eso no debería incomodar a nadie; cuando alguien te lastima, es mejor irse que intentar cambiarlo. Si alguien es diferente, sus familiares lo llevarán a la otra orilla, y no lo harán porque sean malas personas; lo harán por amor, porque por amor renuncian a su presencia, a su compañía. Quienes sirven a la gente, sean guías o maestros, realizan una gran misión de vida; y no pueden tener el amor de la gente a la que ayudan y el de sus familiares en la misma banca. La familia sabe que el mundo los necesita y hará todo lo posible para que se aparte. Es como si fuera un tema de celos espirituales. Para servir, la persona cuenta con el don de ser intuitivo, creativo, abierto y receptivo, pero a la vez carece de la virtud del orden. La creatividad no se lleva bien con el orden. Esa persona muchas veces sentirá dolor en las vértebras lumbares.

—Déjame entender, ¿entonces las personas que se sienten excluidas están para servir a otras? ¿Esa soledad que experimentan, porque se sienten abandonadas por el entorno, deberían canalizarla en ayudar a los demás?

—Así es, Francesco. Pero a veces ellos no han despertado a su misión y creen que no sirven para nada.

—¿No crees que la misión aparece?

—Si la misión es virtuosa, aparece fácilmente, como ocurrió con la Madre Teresa de Calcuta. Si la misión es de otra índole, habrá que descubrirla y también trabajarla.

Francesco se sintió orgulloso de haber tenido la bendita misión de servir a su maestro en la India.

—Sigamos con la columna. Al sacro le llaman *huesito dulce* —dijo el espíritu, con una gran sonrisa—. Lo sacro es lo sagrado, también es conocido como el hueso de la sexualidad y representa el no-permiso para tener pareja; a las mujeres que no se les permite, presentan un hundimiento en el costado de su cadera al lado del sacro. Significa todo lo que se quiere hacer y no se puede; es como estar en un lugar sagrado que no se quiere profanar. Por ejemplo: me quiero ir de este trabajo pero no puedo por temor a lo que diga mi familia. Si hay algo que provoque gran dolor es el nervio ciático, que no simboliza otra cosa que profanarse a sí mismo, estafarse, robarse. Pero déjame ver una de las cartas que llegan al árbol de la salud —dijo el espíritu—. Como verás, soy brujo y quisiera ayudar.

—No lo creo, tendrías las uñas largas, como la bruja de Blanca Nieves.

—¿Quieres que te hable de las uñas?

Mientras los dos reían y se dirigían al árbol de la salud, se acercó Jazmín, que les llevaba unos jugos.

—Les traje unos brebajes de jengibre con manzana.

Francesco preguntó, un poco en broma:

—¿Nos quieres enraizar con la verdad? Porque las manzanas son el símbolo de la verdad.

—Y de los brujos también —dijo el espíritu.

—Y tiene jengibre, ¡qué rico! —exclamó Francesco—. Ella dice que si tomas jengibre echas raíces donde quieres estar. Así que si no quieres enraizarte en el cielo, no lo bebas.

—Mejor no —dijo el espíritu—; me gustó la vida.

—Déjame todo el jengibre del cielo para mí, porque a la vida yo no regreso —dijo Jazmín y se fue flotando.

—Esta niña me tiene muy preocupado. Lo último que oíste me lo ha repetido varias veces —le dijo Francesco al espíritu.

—No podemos ayudar si no nos lo piden, sería una profanación. Todo a su tiempo, debemos ser pacientes. Por eso los pacientes reciben ese nombre: ellos deben esperar al médico.

—¿Qué dice la carta? —preguntó Francesco, una vez que llegaron al árbol y el espíritu eligió una.

—Una mujer escribe que hace años tiene dolores en la espalda y que los médicos opinan que debe operarse la columna, pero no le garantizan una recuperación total, sin dolor.

—Los médicos no saben nada —declaró categóricamente Francesco.

—Estoy de acuerdo en que la medicina convencional no ayuda gran cosa, pero la china sí. Puedo afirmarlo porque en una de mis vidas fui un reconocido médico en China. El tai chi y el yoga trabajan las vidas pasadas y liberan del peso que no nos corresponde. Regresando a la carta, a veces un dolor de espalda es el reflejo de un problema en la vesícula o cuando la mandíbula no está alineada y por consiguiente hay una mala mordida. El dolor de pelvis, por su parte, significa un nacimiento o el renacimiento de algo. Me voy, Francesco —dijo de repente el espíritu—. Espero que pronto me asignen una misión. Ya sabes cuánto se tardan en hacerlo. Cuando llegué me recibieron con un coctel de mandarinas y ésa es una señal de que me regresarán a la vida.

—A mí nunca me recibieron con uno. ¿Y por qué de mandarinas?

—Porque las mandarinas simbolizan la parte infantil que cada persona debe trabajar. Creo que siempre me comporté como adulto y pasé por alto mi niñez. En el cielo, cuando te saltas una etapa, te regresan. Ni modo, aquí siguen siendo antiguos y tradicionales. Lo antiguo es perenne. Mira, por ejemplo, los diez mandamientos no han cambiado, siguen vigentes. Pero ¿no crees que con sólo dos hubiera sido suficiente? En fin, se ve que los hombres necesitan recibir continuamente las enseñanzas.

El maestro hizo una reverencia y Francesco se despidió, inclinándose también.

Francesco prosiguió su camino y se encontró con Yanino, quien le solicitó ayuda para una gran labor.

—Vamos, Francesco, cava. Apúrate —Francesco, por más que metía la pala en la tierra y hacía fuerza, parecía que no avanzaba; la tierra seguía cubriendo la gran piedra que obstaculizaba la entrada—. Date prisa.

—Ya voy. Los trabajos pesados nunca fueron lo mío; no recuerdo ninguna vida en la que haya hecho algún trabajo rudo.

—No me digas —dijo Yanino—. Recuerda: tu fuerza es mental, no física. Aunque debo reconocer que es muy difícil tener las dos al mismo tiempo: o se va al cuerpo o a la mente. Pero en el cielo todo es liviano, incluso las piedras.

—Bueno, ya está.

Francesco colocó la piedra en el gran agujero que recién había hecho; en ese momento se escuchó un estruendo como si hubiera caído un meteorito.

—¡Por fin quedó!

Los dos reunieron tierra alrededor de la brillante piedra para dejarla fija. Ésta era como un menhir: muy alta y con una forma fálica.

—Aquí, Francesco, haremos un nuevo camino para las próximas generaciones.

—Tendremos que plantar árboles —dijo Francesco—. Estas nuevas generaciones ya casi no miran a los rostros de las personas. Sólo tienen ojos para su teléfono celular o su iPad.

—No critiques, Francesco, que nosotros no hemos vivido en estas nuevas épocas y no sabemos si es como nos lo cuentan. No debemos hablar de lo que ignoramos.

Francesco se encogió de hombros, dando a entender que no estaba tan preocupado por esas generaciones, ya que él había aprendido a vivir en el presente.

—En un momento nos van a traer más piedras para crear un laberinto y dibujar una flor de la vida en el centro. ¿Sí sabes que las piedras tienen el poder de llevar energía masculina a cualquier persona que la coloca sobre la tierra? Tendríamos que cambiar el dicho: "Plantar un árbol, tener un hijo y poner muchas piedras sobre la tierra para recuperar la energía del éxito, del poder y de la responsabilidad". La palabra *piedra* también suele emplearse en metáforas, como la Edad de Piedra, la piedra filosofal y la piedra en tu camino.

Siguieron trabajando a lo largo del día en la construcción del laberinto. Cuando Francesco colocó la última piedra, se sintió nostálgico. Yanino le preguntó:

—¿Qué te pasa? Los espíritus normales no tienen esa mirada.

—Yo no soy normal.

—¿Ah, no?

—No, Yanino. Yo siempre me he sentido diferente.

—¿No crees que todas las personas y todos los espíritus creemos ser diferentes de los demás?

—Puede ser —dijo Francesco.

—Dime, ¿en qué piensas? —preguntó el maestro.

—En Camila. No estoy muy seguro de si los tiempos anteriores eran mejor que los actuales. Sin embargo, he pensado que si hubiera tenido un celular en la India cuando me quedé encerrado en el templo, le habría hablado a Camila, y quizá nuestra historia sería diferente.

—¿No crees, Francesco, que si ella te hubiera querido de verdad te habría creído? ¿Nunca te pusiste a pensar que es más fácil entender bien que entender mal?

—Yo sólo sé que fui el amor de su vida. También sé que pidió un divorcio espiritual porque estaba cansada de esperarme y de que yo, una vida tras otra, no la hiciera mi prioridad por estar concentrado en mi camino espiritual.

—Yo opino que el amor de Camila hacia ti fue un poco egoísta y mostró una gran falta de amor hacia ella. Un corazón así no puede amar y ésa es una condición humana. Una pareja es una sociedad: te quiero porque tienes lo que necesito, y viceversa. Cuando termina el intercambio, la historia de amor también finaliza.

—Qué triste —dijo apesadumbrado Francesco.

—Es triste, pero es cierto. ¿Has conocido un amor desinteresado?

—El mío con mi maestro fue desinteresado.

—Bien, entonces, ¿estás de acuerdo en que el único amor desinteresado se encuentra en ayudar? Un día asistí con otros espíritus a una reunión con el maestro Jesús; en ella dijo que él no se había casado porque ésa no había sido su misión; que una pareja con hijos era lo que Dios deseaba para algunos, pero no para todos. Sé que mucha gente quiere casarse, o simplemente tener una pareja; sin embargo, si alguien no logra conseguirlo, es porque inconscientemente quiere estar solo.

—Pero todos afirman lo contrario. Por lo general, si están solos dicen que se debe a que no tienen suerte.

—Siempre decimos lo contrario de lo que queremos; somos contradictorios.

Mientras Yanino se preparaba para irse, le preguntó a Francesco:

—¿Verdad que nos quedó bien el laberinto?

—¡Sí, muy lindo!

Francesco aún se seguía sorprendiendo por encontrar tanta vida en el cielo, donde convivían dioses, guías, gurús, maestros, flores, animales y espíritus, y se dijo: *Espero tener oportunidad de seguir descubriendo más lugares maravillosos*.

La amistad es una bendición universal

Ten un amigo y tendrás todo.

Ábrete a tener hermanos elegidos por el corazón.

Francesco había terminado de construir el laberinto con las piedras de algunos fragmentos de las historias del mundo. Levantó la mirada y vio a Jazmín, quien sembraba girasoles en el jardín contiguo al bosque, mientras cantaba. Su cabello dorado se confundía con las flores. Su voz parecía el canto sagrado de los querubines.

Qué pena que esté sola siendo tan tierna, pensó Francesco. *¿Qué edad tendrá?*

En ese momento, escuchó un maullido. A Francesco, como a Alicia en su País de las Maravillas, lo siguen cuantos gatos hay en el paraíso. Cuando se dio la vuelta, vio a una gata preciosa de enormes ojos. Se inclinó para acariciar su pelaje suave y claro. A manera de saludo, ella levantó una patita delantera.

—Ten cuidado, Francesco. Te puedo rasguñar porque no he tenido tiempo de desgastar mis uñas.

—No te preocupes, que no me enojaré. Sé bien quién eres, Bastet: eres la diosa egipcia protectora de los hogares y templos; representas también el amor y la armonía. Sé que te encanta la música y que los humanos dedican danzas en tu honor. Y, como eres compañera de la Luna, proteges a los nacimientos y a las embarazadas de las enfermedades y los malos espíritus. Pero, aunque diosa, eres un gato. Dime, ¿qué haces aquí?

—En realidad, caminé y caminé sin rumbo fijo, salté y me subí a los árboles; de pronto, te vi y me dieron ganas de saludarte. ¿Estuvo mal?

—No, al contrario. ¡Me encanta tu visita!

—Te noto algo pensativo.

—Estoy preocupado por la niña que está allá, ¿la ves? —dijo, y con su brazo apuntó al lugar.

—Desde donde estoy no alcanzo a verla, voy a subirme al árbol —Bastet le contestó. Después de observarla, le dijo—: No veo nada malo en ella.

—Ella no quiere volver a nacer porque dice que la vida no le gustó. ¿Sabes qué es lo peor? No guarda ni un solo buen recuerdo de la vida.

—¡Eso está muy mal! —exclamó Bastet, mientras se limpiaba una pata con su lengua—. ¿Y ya fue a hablar con Dios?

—No precisamente con él. Fue a sus oficinas y un ángel, que funge como secretario, le dijo que podía quedarse aquí el tiempo que ella quisiera.

—¡Eso no es verdad! Debe estar mintiendo. ¿Te pudo contar qué fue lo que le pasó para no querer volver a la vida?

—No mucho. Tal vez si tú le preguntaras...

—Como tú dijiste: aunque diosa, tengo forma de gato; bueno, de gata.

—Y yo soy hombre, dudo que quiera contarme todo a mí.

—Entonces, ¿qué hacemos?

—No se me ocurre...

—¡Ya sé! —dijo Bastet—. Iré a verla para hablar con ella y si no me quiere escuchar, trazaré un plan.

La diosa partió, con muchos gatos detrás de ella. Francesco no dejó de observarlos hasta que se perdieron en la lejanía. Volteó la mirada a su laberinto, lo recorrió lentamente y mientras daba pasos cortos, pensó en que los laberintos proporcionaban información de otras vidas a las almas, y si éstas se concentraban podían recobrar más recuerdos. Entonces le vino la idea de invitar a la niña para recorrer juntos el laberinto uno de esos días, pero consideró que aún no era el momento apropiado.

En ese preciso instante Camila, el alma gemela de Francesco, entraba al cielo. Recién había pasado por el túnel del Bosco, en donde los rayos de todos los colores atraviesan el cuerpo espiritual y se encargan de quitar los malos recuerdos de la vida de esa persona.

En el túnel Camila se sintió bombardeada por las luces y por eso estaba un poco mareada. Por lo general, los espíritus cuando arriban al cielo no se sienten cansados ni mareados, sino muy contentos, y lo más lindo es la cálida bienvenida que les dan sus seres queridos, a quienes han amado siempre: todos los familiares que desde las generaciones más antiguas hasta las más recientes los han apoyado en su proceso de crecimiento; llegan también amigos, conocidos y mascotas. Nada se pierde en el cielo, porque todo se transforma. Aunque ahora le tocó a Camila ser la excepción. Cuando se recuperó, pudo ver con alegría que la esperaban sus mejores amigas —algunas actuales y otras de su infancia— quienes, al verla despeinada y desaliñada, no estaban seguras de que fuera ella. Ante la duda, no dejaron de gritarle por su nombre. Cuando se acercó, finalmente la reconocieron, no paraban de saltar de alegría y la abrazaron con sus alas. Fue una gran bienvenida la que le dieron sus mejores amigas: Mónica, Carmencita y Marina. Detrás de Camila, venía otra de sus amigas, quien también acababa de pasar por el túnel.

Camila lucía muy hermosa: su cabello dorado y sus ojos grandes hacían que no pasara inadvertida ya fuera en el cielo o en la tierra; seguía siendo tan bella como siempre.

—¿Qué te pasó esta vez? ¿Por qué regresaste tan rápido? —preguntó una de sus amigas que ya llevaba algunos años en el cielo.

—¿Por qué vienen juntas? —preguntó otra.

—No lo sé... Descubrí a Camila en el túnel. Hacía mucho tiempo que no la veía —dijo María.

Camila la miró sorprendida y dijo:

—No me di cuenta de que estabas detrás de mí...

Después de los abrazos y besos, y de subirse cada una a su nube, Camila comenzó la charla:

—Si me preguntaran por qué estoy aquí, respondería honestamente que no lo sé. No tengo idea de por qué regresé de la vida, ni qué me pasó durante el viaje. Ya saben, el túnel elimina los malos recuerdos. Sin duda, algo me habrá pasado, por eso estoy aquí —dijo, entre risas—. En realidad, de lo malo o feo, no recuerdo nada; sólo recuerdo lo bonito.

Las amigas escuchaban atentas. Camila siguió hablando:

—De lo que sí estoy segura de mi última vida es que ¡me fue muy mal con los hombres!

—¿Cómo lo sabes? —le preguntó María.

—Se tardaron un buen rato en quitarme los malos recuerdos. Y sé muy bien que éstos estaban relacionados con el tema de la pareja. Es más, me bombardearon con tantas luces que creí que jamás saldría del túnel. ¿Qué están bebiendo? Tengo una sed terrible —preguntó Camila a una de ellas, al verla sacudir un vaso con cubitos de hielo.

—¿Por qué lo preguntas? Ya estuviste en el cielo y sabes muy bien que el único licor que tenemos permitido es el de los plátanos fermentados, que es el alcohol que elaboraban los primeros hombres.

—El tema de la comida y los sabores aquí es un poco aburrido —comentó Carmencita, la amiga más simpática de todas.

—No hay duda de eso —agregó Marina.

—¿Aburrido? —preguntó Camila—. Para nada. Es diferente, no tiene malos hábitos.

—Bueno, yo sí extraño los malos hábitos —dijo Marina—, pero no hablemos de mí, hablemos de ti. Dime, Camila —preguntó—, ¿cómo sabes que te fue tan mal en el amor, si se supone que en el túnel te eliminan los malos recuerdos?

—No sé —dijo, riéndose—, creo que tengo un *déjà vu*. Estoy algo cansada, creo que ya no regresaré al más allá de la vida; mejor pido permiso para quedarme en el más acá —al escuchar semejante frase, las amigas se rieron con más ganas, pero Camila siguió diciendo—: ¿ustedes conocen de qué manera podría saber si la vida que acabo de pasar fue la última?

Marina le aclaró:

—No lo sabrás hasta que hables con Dios, pero la verdad no creo que sea tu última vida. Se supone que en la última, somos casi angelitos, y tú dices que te fue mal con los hombres. Así que, la verdad, no creo que en esta vida empieces tu Nirvana.

—Tienes razón, Marina. Está mal, ¡muy mal!, esto de ir y venir es tedioso. El túnel estaba lleno de espíritus; tal parece que cada vez recuerdan más los malos momentos. Creo que antes no tomaba tanto tiempo cruzarlo.

—Deben ser las redes —sugirió María.

—¿Qué redes? —cuestionó, desorientada, Marina.

—Las redes sociales, por ellas te acuerdas de todo.

Camila miró con cara de asombro a su amiga, y le contestó burlonamente:

—Se supone que la gente sólo publica en las redes lo bueno que le pasa, es como un marketing positivo.

—¡Tanta información del mundo en una sola cabeza, ¿no será mucho? —comentó Mónica—. Las redes te hacen saber de amores y desamores; demasiado en el muestrario y poco en el inventario de la vida. Si no, corrígeme. Camila, creo que tienes razón: hay algo mal entre la gente y por eso los espíritus se tardan más en cruzar el Bosco. Y puedo asegurar que se debe a que los desencarnados tienen demasiados malos recuerdos. No creo que el túnel esté atascado de almas porque haya más personas que se estén muriendo.

—¿Cómo puedes asegurarlo? —preguntó Camila, algo inquieta.

—Porque leo los periódicos con las estadísticas del cielo y me enteré de que cada vez las personas viven más años. La tierra está sobrepoblada.

—Y las cabezas de las personas también están sobrepobladas, pero de información inútil —dijo Camila, pensativa por lo que había mencionado Mónica—. En algún momento dudé si de verdad el camino me dirigiría aquí, o sólo era una desviación al infierno. Jamás pensé que reuniría tanto resentimiento en esta última vida.

—¡A mí me pasó lo mismo! —dijo Carmencita—. ¿Y qué viste, Camila? ¿Había más mujeres o más hombres en el túnel?

—La cantidad de hombres y mujeres en la fila para pasar era la misma, pero las mujeres se tardaban más. Sin duda, a nosotras nos cuesta más olvidar; los hombres son más prácticos.

—¿Crees que los homosexuales olvidan de manera diferente? —preguntó Mónica.

—¿Por qué haces esa pregunta? ¿Qué tienen que ver las preferencias sexuales en la vida?

—No sé —contestó dubitativa—, siempre me he preguntado si tener una preferencia sexual diferente representaba un problema para Dios. Ya sabes, él nos creó para procrear y estar en pareja.

—¡No puede ser que seas tan ignorante! ¿Cómo crees que una elección sexual determine la bondad o la luz del alma? —dijo Camila, enojada.

—Sí, fui una tonta por haber preguntado eso, les pido perdón.

—Y a ti María, ¿cómo te fue con las luces?

—Ay, yo no tuve ningún problema. Cuando me percaté de que estaba detrás de Camila tuve tiempo de observar cómo la bombardeaban las luces y la vi iluminada como árbol de navidad, me preocupé; a mí, la verdad, me fue genial. Y eso que tengo que confesarles que me porté algo mal en esta vida pasada.

—¿Mal? ¿Tú, María? —exclamó Camila—. Pero si casi eres una santa. Bueno, como dice el dicho: "Crea fama y échate a dormir".

—Mala no fui, pero sí traviesa. ¿Quieren que les cuente?

—¡Sí! —contestaron al unísono todas las amigas.

—Siempre fui muy católica, pero durante los últimos quince años había dejado de ir a la iglesia, no sé si por falta de tiempo o porque ya no necesitaba acudir ahí para estar con Dios. Empecé un camino espiritual, estudié yoga, meditación, constelaciones familiares, reiki, feng shui, y otras disciplinas más.

Camila, que la escuchaba atentamente, le dijo:

—Para estar en el cielo no hace falta ir a la iglesia.

—De acuerdo, pero no ir a la iglesia me daba algo de culpa. Pero sí ayudaba al prójimo. Crie dos hijos con mi esposo, un hombre muy celoso y bastante controlador, que espero no encontrármelo aquí —dijo, riéndose—. Después enviudé y creo que en ese momento cometí un pecado; temo confesarlo y que me echen de aquí. Es más, cuando pasé por el túnel pensé en tantas cosas: que iría al infierno, que me iban a torturar con preguntas y que por mi pecado era por lo que no me mandaban ninguna luz de neón... No sé, pensé tantas cosas. Pero cuando me pedían que recordara lo malo para borrármelo, yo sólo tenía recuerdos buenos.

Las amigas estaban atentas escuchando su relato.

—Pero ¿qué es eso malo que crees que hiciste? Tú eres una buena mujer. ¿Qué hiciste cuando enviudaste?

—Bueno, primero lloré, lloré y lloré... Luego de pasar el duelo, había cumplido cincuenta años, y una amiga me habló de sitios en donde se podía encontrar pareja, que tenían algo así como un catálogo.

—¿Por catálogo? —preguntó, intrigada, Camila.

—¿Cómo se llamaba la revista? —la interrogó, a su vez, Carmencita.

—Ay, chicas, ¿en qué tiempo vivieron? No era una revista, eran algunas aplicaciones.

—¿Aplicaciones? —preguntó Marina—. ¿Me puedes aclarar de qué estás hablando?

—No vas a entender de qué se trata, amiga; hace mucho que no bajas a la tierra.

—¿Y qué pasó?

—Bueno, al principio no podría creer que le gustara a tantos hombres, yo que antes me sentía desvalorizada, vieja y fea. Cuando tienes un hombre a tu lado, crees que si un día te abandona, tendrán que pasar siete años hasta que puedas encontrar a otro.

—Tienes razón, ése era el tiempo que solía esperar entre conocer a una pareja y otra —dijo Mónica—. Y por eso a veces nos quedamos con el que tenemos más a la mano, aunque no nos haga felices, porque creemos que después de él no vendrá alguien mejor.

—Bueno, es normal, ¿no? —dijo Camila.

—¿Normal? ¿Por qué? —le preguntó María.

—Porque en el mundo hay más mujeres que hombres.

—Eso es injusto —exclamó Mónica.

—Es perfecto —contestó Camila—. Es la ley de supervivencia. El hombre puede procrear con varias hembras el mismo día, y la mujer debe esperar entre uno o dos años para concebir un hijo. Todo es perfecto.

—No entiendo cómo es que pueden recordar tantas cosas, si se supone que son borrados en el túnel —expresó María.

—Siempre quedan algunos —dijo Mónica, riéndose.

—Ay, María, nos tienes en ascuas, ¿qué fue lo que pasó? —preguntó Camila.

—Empecé a conocer hombres. Me enamoré de tres, pero

para ellos no fui importante. Ellos sólo querían sexo. Al fin acepté que si eso era lo que buscaban, entonces yo jugaría con algunos a ser la santa y con otros la diabla. Incluso creo que ese juego erótico hizo que me conservara joven. La verdad, tanto me divertí, que no tengo un solo mal recuerdo. Mis amigas envejecían y sólo hablaban de enfermedades. A mí me quedaba seguir el camino de compartir teléfonos de médicos, o hacer ejercicio, divertirme, mantenerme atractiva y vivir la vida.

—¿Entonces para ti los mejores años fueron estos últimos?

La amiga se encogió de hombros y le pidió a un angelito que pasaba por el cielo con una bandeja de bebidas, que le convidara un licor de plátanos.

—No me vayan a juzgar por lo que les he contado, que para eso está Dios.

—Qué lástima que en mi época no hubiera eso... —comentó nostálgica Carmencita—. Regresando a lo que dijiste, Cami, que en algún momento pensaste en que podrías ir al infierno por tantos malos recuerdos acumulados, ¿cómo puede ser que aún sigas pensando que existe el infierno?

Marina intervino:

—Aquí no nos han querido hablar del infierno. Es más, creo que el infierno como lugar no existe, que no es más que los malos recuerdos, las culpas y los enojos que se quedan en el alma.

—Sí, yo creo lo mismo —dijo Camila—. Creo que es eso: ¡el infierno son los malos recuerdos!

—Vamos, muchacha, ¿qué tal si te animas y vamos a dar un paseo? Se aproxima el atardecer, ¿percibes el aroma a jazmines? —preguntó Mónica.

—Hmmm, sí, huele riquísimo.

—Aparte del paseo, ¡tengo una sorpresa para ti! Tu misión... —dijo Mónica alegremente, con un cuaderno de tapa dura de terciopelo azul con letras doradas en una mano y una llave dorada en la otra.

—¿Cuál? Dime, dime... —se bajó Camila de su nube y estiró la mano para arrebatarle el libro a Mónica.

—Cuando te la diga, te vas a desmayar: ¡cuidarás los escritos de Alejandría!

—¡No puedo creerlo! Qué misión tan bella. Entonces, ¿podré leer todos los tratados, todos los libros, todos los secretos?

—¡Claro! Serás la bibliotecaria y cuidarás lo más sagrado que tuvo la tierra y, que lamentablemente, fue quemada. Tendrás a tu cuidado la biblioteca sagrada que resguarda los misterios sobre el empoderamiento de la mujer. Vengan, acompáñenme, las llevaré allá. ¡Les va a encantar!

Camila y sus amigas se fueron flotando en sus respectivas nubes para luego descender suavemente en la puerta de la biblioteca.

Al llegar, realizaron una pequeña ceremonia de inauguración y todas aplaudieron mientras Camila abría la puerta y daba gritos de alegría al verse rodeada de miles y miles de libros con relatos ocultos sobre la verdadera historia de la humanidad y la de los dioses.

—¡Ahora sí seré culta! —dijo Camila, admirada de la sabiduría que la rodeaba. Entonces abrió un libro y se detuvo a leerlo. Las amigas hicieron lo mismo y se quedaron en la biblioteca, por mucho tiempo, leyendo en silencio.

Cuando llegaban los visitantes a pedir un libro, Camila ni siquiera se percataba de su presencia o de darles la bienvenida, de tan embebida que estaba en la lectura. Los espíritus entendían que tanto ella como sus amigas estaban tan interesadas y abstraídas en lo que querían aprender, saber o descubrir, que no tenía sentido interrumpirlas.

¡Los libros son lo más importante de la historia!, como los árboles y los hijos, pensó Camila.

De pronto, cerró uno de sus libros preferidos y al levantar la mirada observó que una niña la miraba desde el umbral de la puerta.

Era Jazmín, la niña que tanto le preocupaba a Francesco. Era bajita, con ojos grandes y pelo rizado. Siempre parecía tener los ojos anegados de lágrimas, que cargaba en el alma una tristeza absoluta.

—¿Quieres entrar? —le preguntó Camila.

—¿Puedo?

—Claro, entra.

—No sabía que estaba abierta la biblioteca, he pasado algunas veces y nunca había visto a nadie.

—Acabo de llegar aquí. Desconozco si hubo un bibliotecario antes, me imagino que sí. ¿Cuál libro te gustaría?

—Quiero uno que me cuente la verdadera historia de la mujer.

—¿Fuiste católica?

—Sí lo fui. Estoy segura de que fue una de las religiones que más practiqué en las vidas que he tenido en la tierra. En una de las últimas, recuerdo que con el tiempo dejé de creer en la religión y empecé a practicar diversas disciplinas espirituales; creo que eso fue lo que me hizo la vida más liviana, porque la mía fue tremenda: pasé por destierros, rechazos, humillaciones, pobreza… todo lo que te puedas imaginar. La verdad es que ya no quiero regresar a la vida.

Camila le llevó un libro que se llamaba *Aquellas mujeres de Dios* y cuando se lo puso entre sus manos, le preguntó:

—Pero ¿por qué no has olvidado esos momentos difíciles que viviste?

—No lo sé. Quizá no debía hacerlo. Tal vez era conveniente que los conservara en mi memoria, pero no sé si era necesario que estuvieran en mi corazón —dijo la niña—. ¿Y tú quién eres? ¿Cómo te llamas?

—Me llamo Camila y acabo de llegar. Yo sí he olvidado casi todo, aunque les contaba a mis amigas que al parecer traía muchos malos recuerdos, porque me tardé en pasar el túnel mientras los bloqueaban.

—Yo aún los tengo, no se me ha borrado nada. ¿Hubo muchas luces cuando estaban limpiando tu espíritu? —preguntó la niña.

—Sí hubo muchas, quizá mis recuerdos eran más fuertes que los de otras personas.

—No creo que sea eso, no puedes ser la excepción.

—¿Y ya hablaste con Dios?

—No, no quiero hablar con él, no tengo ganas de hacerlo. Ya no sé si creo en él.

—No puedo creer, mi niña, que digas eso. Decir aquí eso es como profanar el cielo.

—Lo digo un poco en serio y otro poco en broma. Pero, en realidad, no quiero nada.

—¿Todavía no te has encontrado con gente conocida?

—Por suerte, no. He tratado de salir muy poco este tiempo. Sólo he estado sembrando girasoles, margaritas y algo de jengibre. También he aprendido a preparar algunos brebajes y jugos. ¡Sobre todo me gusta plantar girasoles!

—Sin duda te ha faltado tu padre.

—¿Cómo lo sabes?

—Porque el sol también es dios y el sol representa a nuestro padre, y el girasol mira al sol.

—No lo sabía, qué interesante; suena lógico. Ah, también me gusta sembrar plantas de menta. Cuando preparo los brebajes los comparto con los espíritus que andan por allí haciendo sus tareas. Hace poco le llevé algunos a dos maestros amigos que me caen muy bien.

—¿Y qué hacen tus amigos?

—Uno cuida un jardín de rosas y el otro, que se ha vuelto más cercano, cuida un bosque, que es muy grande e importante. Está al norte de la brújula celta. Quizá tú también lo conozcas: en su vida anterior aquí fue el maestro del amor. No sé si llegaste a venir aquí cuando él enseñaba a ser compasivo.

Camila se quedó algo pensativa, se le iluminó el rostro y, con una alegría inmensa, gritó:

—¡Francesco! ¡Francesco! —abrazó a la niña. Camila se veía feliz de la vida—. Niña, niña, qué alegría me has dado: él es mi alma gemela —la niña saltaba junto con ella, sin comprender del todo a la bella muchacha—. Llévame, por favor, con él, te lo suplico. Dime dónde está. No, pensándolo bien, mejor no. Mejor cuéntame tu historia y luego me llevas a verlo.

—No tengo ganas de hablar de mis vidas. Si quieres te llevo al bosque para que visites a tu amigo, pero no le digas nada de lo que hablamos. Siento que le preocupo y no me gusta que los demás se preocupen por mí, porque ésta es mi vida y tengo derecho a vivirla como se me dé la gana. Yo quiero estar sola.

—De acuerdo, respeto tu decisión —dijo Camila. Sabía que no se puede ayudar a quien no lo solicita—. Pero, por favor, llévame con Francesco.

—¿Puedes dejar sola la biblioteca? No sería prudente. Aunque aquí nadie se robe nada, tienes una función, que es la de cuidarla.

Camila buscó con la mirada a María, y sin palabras se entendieron, ella se quedaría al frente. Pero cambió de idea y dijo:

—Niña, mejor explícame cómo llegar al bosque y quédate a leer los libros que te gusten. María te ayudará.

María le dijo a Jazmín:

—Busca aquella escalera. Súbete en ella para alcanzar ese estante —señaló el lugar—. Aquel libro, además del que te dio Camila, te servirá. Tiene la historia de las mujeres de todo el universo y sabrás por qué nos impidieron tener más poder. Perdón, ¿cómo te llamas?

—Jazmín.

—¿Tienes un solo nombre?

—No, también me llamo Margarita.

—Eres dos flores en una —dijo entre risas María—. ¿Y a qué te dedicas aquí?

—Cuido un jardín y siembro girasoles y margaritas —dijo, riéndose—, y los lunes les doy de comer a los colibríes porque, como sabes, los martes bajan a la tierra y el camino es largo. También suelo juntar néctar, maná, ambrosía para los dioses, y preparo algunos brebajes y jugos para los espíritus. Pero te confesaré que, si bien hago las cosas con atención, no las hago con cariño. Creo que estoy un poco deprimida.

—¿Deprimida? —preguntó María algo confundida—. La depresión es común en nuestros amigos de la tierra, pero aquí no tiene sentido.

—Pero yo no sé cómo manejarla. Sería feliz con sentir el diez por ciento de tu felicidad —dijo Jazmín dirigiéndose a Camila—. Pero no pierdas tiempo conmigo. Mira —mágicamente sacó un mapa de su túnica—, estamos aquí —dibujó un círculo con una pluma roja—, aquí está Alejandría. Si caminas en el sentido de la brújula celta, el tridente del norte te indicará dónde están el bosque y tu alma gemela —dijo la chica, un poco risueña—. Si te pierdes, a esta hora la Luna, Selene, estará por llegar y puedes preguntarle. Ella es amiga de Francesco.

Camila la abrazó. La niña tenía aroma a canela en su pelo.

—¿Por qué hueles a canela? —le preguntó.

—Me regaló la esencia una sacerdotisa de Delfos. Ella me dijo que la canela quitaba todos los malos recuerdos y, aunque te parezca mentira, me he sentido más fuerte. Me encantaba el arroz con leche y canela cuando era niña en una de mis vidas en la tierra. Creo que comía más canela que arroz.

—¿Me veo bien? —preguntó Camila, arreglándose el pelo.

—Sí, te ves muy bien, Camila —dijo Jazmín.

Camila agregó:

—Espero que Francesco no ande de coqueto con alguna de sus esposas de otras vidas.

Cuando escuchó ese comentario, Mónica se rio y al guardar un poco la compostura, le llamó la atención su amiga:

—Si te bombardearon con rayos en el túnel por tus malas relaciones con los hombres, entonces ya no puedes estar insegura o celosa, Camila. Estás en el cielo o ¿dónde crees que estás?

—Bueno, si Jazmín no tiene dudas de que éste es el lugar donde puede ser más feliz, ¿por qué yo no puedo dudar que Francesco todavía tenga ganas de verme? En la última vida estoy segura de que nacimos juntos y no nos reencontramos. Sentí un vacío enorme, pero él no hizo nada para buscarme.

—Yo estoy segura de que no tengo o no tuve nunca un alma gemela —dijo Jazmín.

Las demás amigas, que seguían la conversación, comentaron que Camila tenía mucha suerte al saber quién era su alma gemela, porque ellas desconocían si alguna vez tuvieron una en la vida.

—Queridas amigas, aparte de tener suerte también fui una desagradecida, porque en mi vida anterior en el cielo fui al castillo donde está Cupido y pedí que me divorciaran de Francesco —de pronto, se hizo un silencio en la biblioteca—. ¡Ahora me doy cuenta de que el divorcio sí resultó!

—¿Qué dices, Camila? —cuestionó Mónica.

—Ay, Dios, soy una tonta. Pero no quiero hablar de ese tema... —miró a sus amigas y preguntó ¿Y María dónde está?

—Debe estar buscando algún catálogo —dijo Mónica en broma.

Sus amigas le dijeron que se fuera de una vez, que ya estaba bueno de hablar sobre los problemas en las relaciones. Entonces Camila salió de la biblioteca.

Mientras caminaba apurada para buscar a su amado, se encontró con una fila enorme de espíritus y en ella a su amiga María.

—¿Qué haces aquí? —le preguntó.

—Participo en una marcha.

—¿Una marcha en el cielo? María, estás loca. ¿Y qué están reclamando? ¿Qué se puede reclamar si aquí todo es perfecto?

—Es que todos queremos nacer, pero parece que para hacerlo debemos esperar un poco más.

—Pero, amiga, ¿tanto te gustó la vida?

—Tenemos prisa por volver porque extrañamos las redes sociales.

A Camila le dio un ataque de risa:

—¿Y tú extrañas tu catálogo de supuestos amores?

—Déjame hacer con mi vida lo que quiera, que también traes lo tuyo con Francesco. Tu apego a él no es normal. No poder o no querer soltarlo, no es normal.

Camila bajó la mirada. María le levantó la cara y las dos se miraron intensamente.

—Hazme un favor, Camila, si ves que este amor o apego con Francesco continúa en varias vidas más, busca otras posibles parejas en las redes o en las aplicaciones —le dijo María con ternura. Se abrazaron y María le susurró en el oído—: Acuérdate, el apego es el deseo y la incapacidad de renunciar a él.

En ese momento pasaba la diosa Isis, quien había sido esposa de Osiris. Ella era el símbolo de la fertilidad, la madre divina protectora, como lo fue con su hijo Horus. Fue llamada la gran maga; con su poder creó la primera cobra, el símbolo de la sabiduría y de la sanación. Ella tenía el poder oculto de curar las enfermedades. Isis alcanzó a escuchar la conversación de las amigas y les dijo:

—Es conveniente renunciar y soltar; sólo así es posible que nada se vaya de tu vida, que todo permanezca, pero no igual, sino diferente.

Las dos amigas escucharon atentamente las palabras de la diosa. Isis convocó a los espíritus que estaban en la fila y les pidió que se sentaran en círculo; ellos obedientemente respondieron a su pedido.

—Quiero decirles que la sensación de apego la sienten porque no están en el cielo o en el paraíso. Ahora están en el umbral de las puertas del más allá.

—Eso no puede ser —dijo Camila.

—Sí, Camila: te has perdido mientras buscabas a Francesco, y María también —afirmó Isis.

—¿Ves? Lo despistada no se te quitó —Camila regañó a María.

—A ti no te fue tan bien —dijo María.

Isis retomó su discurso:

—Escuchen lo que quiero decirles: el cielo y el paraíso no son lo mismo que el más allá. La entrada principal del cielo, como saben, está custodiada por un gran maestro: Pedro. Y en el otro extremo, antiguamente se encontraba el umbral del más allá. Antes de pasar a él, se calculaba el peso del corazón de las almas de los humanos en una balanza. Si era denso y compacto significaba que las personas aún llevaban a cuestas mucho resentimiento; debían aguardar en este lugar hasta que se llenaran de amor para, finalmente, ser aceptadas en el cielo. Si, en cambio, era ligero, su entrada era franca, casi imperceptible.

"Por lo que veo, ustedes están confundidos. Están manifestándose para ingresar en un lugar ya inexistente. El más allá no es la morada Dios. De hecho, tampoco existe el purgatorio, sobre el cual el papa ha declarado que no ocupa un lugar del espacio, incluso ya no se nombra. Esta confusión los ha llevado a apegarse al aspecto material de la vida. Si se dirigen hacia el este —el rumbo se los indicará la brújula celta—, hallarán otra vez su centro. En el camino pueden recorrer el Edén, un lugar pleno de historias y de flores africanas que tanto atraen y gustan a los colibríes. Si tienen suerte, podrán encontrarse con Enoc, quien será un excelente guía porque le encanta mostrar sus rincones."

Encuentro con Dios

Acercarse a Dios es verlo como a un amigo y no como a alguien inalcanzable.

Y qué podría preguntarle a Dios si en el segundo que lo miré tuve todas las respuestas.

Él me trasmitió que el secreto está en el amor.

Sólo en el amor, en nada más.

Francesco y Agustín decidieron hacer una visita imprevista a Dios. Aunque desde su lado consciente no estaba en sus planes hacerla en ese día, desde hace tiempo tenían en mente realizar el encuentro. Tener una comunicación directa con Dios era la gran posibilidad de sentir que lo único poderoso era estar en su presencia.

Dios atiende a los espíritus en un espacio sagrado que está al final del arcoíris, en la bifurcación del bosque, justo ahí donde se establece la conexión entre el cielo y la tierra. En la antesala del recinto principal, pidieron entrar juntos y esperaron a que se les concediera la entrevista. Ambos estaban emocionados, pues sería la primera vez que lo vería Francesco, ya que se había propuesto no cerrar los ojos esta vez.

Se abrieron por fin los portones de la habitación sagrada. Desde el umbral vieron una figura rodeada de una intensa luz dorada. Conforme se acercaban, se dieron cuenta de que era un pequeño niño, recostado en una gran hamaca. Estaba acompañado por un ángel, que era una especie de secretario, quien se adelantó a recibirlos. Francesco esperaba encontrarse con el Dios que siempre había imaginado, pero su sorpresa fue grande cuando vio a ese niño. No sabía si preguntar si él era Dios o sólo un niño que estaba de visita, pero el resplandor de la luz dorada no le daba oportunidad de dudar de su poder.

Cuando Francesco estaba a punto de formular su pregunta, se adelantó Agustín y cuestionó al secretario:

—¿Y Dios dónde está? Creo que nos equivocamos de habitación. Estamos buscando a Dios. ¿Aquí sólo vive él o hay más espíritus morando en este espacio sagrado?

El niño, que se mecía rodeado de la luz dorada que por momentos tomaba tintes tornasolados, sonreía.

El secretario, un hombre delgado y mayor, les dijo, mientras señalaba al niño:

—¡Él es Dios!

—Pero Dios no puede ser un niño. ¡Dios es grande! —exclamó Francesco.

—No existe un alma más grande que la de un niño —dijo el secretario y agregó—: Estaría bien que ambos se despojaran de su mente en este encuentro, depositen en cambio su corazón y su alma. No saquen conclusiones, vengan conmigo —los condujo a unas hamacas que estaban cerca de la entrada del recinto y les dijo—: Ahora descansen aquí. Voy a decirle a Dios que llegaron. Hoy está muy entretenido columpiándose. No creo que en este momento preste mucha atención a lo que quieran hablar con él; esperen a que concluya lo que está haciendo. En unos minutos, él estará con ustedes. Cuando Dios se manifiesta como el alma de un niño y se hamaca es porque está mirando la tierra y observa a las personas que, con un amor genuino, le piden ayuda. A ellos es a quienes les presta atención ahora y les brinda toda sus bendiciones. Esperen unos minutos, que él se alegrará de atenderlos.

Ambos le agradecieron al secretario su atención y se quedaron esperando muy a gusto, mientras se deleitaban con el canto de los querubines, los ángeles amados de Dios.

Cuando Dios dejó de columpiarse, los llamó y los recibió con una gran sonrisa. Los invitó a sentarse en unos troncos para que estuvieran a su altura.

—¡Qué alegría verlos! ¿Cómo estás, Francesco? ¿Y a ti, Agustín, cómo te ha ido?

Ambos se miraron con asombro: no podían creer que Dios los tuviera tan presentes y los tratara con tanta familiaridad.

—Me imagino que no esperaban que fuera un niño —les dijo, sonriéndoles—. Las personas tienen la idea de que Dios es de mayor edad y tamaño, ¿verdad? Tal vez si me encontraran gordo y panzón les parecería más creíble que fuera Dios, como Buda. Sin embargo, hay un dios precioso, que es Krisna, que a veces se muestra como un niño. ¿Por qué yo tendría que ser diferente a Krisna o parecido a Buda? ¿Será que la religión que les han enseñado en otras vidas les decía que si Dios era todopoderoso debería tener una voz grave y una imagen imponente? Déjenme decirles que los niños también somos poderosos. Miren cómo traemos a los padres: si hay alguien que haga que la familia se desviva en cuidados, atenciónes y alegrías, somos los niños. Somos los únicos que decimos la verdad; no albergamos maldad como los adultos y, además, si nos hacen daño, se nos olvida fácilmente porque no somos rencorosos. ¿Se imaginan un mundo de adultos con mentes llenas de amor y de ingenuidad, como las de los niños? ¡Qué mundo mágico tendrían! Cuando vuelvan a la vida, no subestimen a nadie, y menos a los niños, porque ellos aún recuerdan alguno que otro pasaje en el cielo, y cuando hablan de él los tratan como si estuvieran locos. Pero ellos siempre vibran en la verdad. Lo que haces con un niño formará la personalidad de un adulto. Por todo esto, Dios es un niño, lo más sagrado que hay sobre la tierra.

Francesco y Agustín estaban admirados por sus palabras.

—Bueno, ahora sí díganme: ¿cuál es el motivo por el que me visitan?

—Francesco quería verte, pues la única vez que había estado contigo no se animó a abrir los ojos —dijo Agustín.

—Me gusta que me quieran conocer. Hay personas que no creen en mí porque no pueden verme físicamente y aquellas que saben que existo, rezan para pedir o agradecer; no es mucho más lo que escucho de ellos cuando se dirigen a mí.

—¿Y qué otra cosa se podría hacer contigo? Cuando estamos en la vida, y aquí también en el cielo, tenemos tanto respeto hacia ti que no sabemos cómo interactuar contigo —comentó Agustín.

—Conversar, contarme de sus historias cotidianas, darme la posibilidad de opinar o de reírme con una anécdota suya y poder compartirla. No digo que todos lo hagan, pero de la mayoría sólo escucho: "Gracias" o "Te pido".

—La verdad, reconozco que en mis vidas pasadas hablé muy poco contigo. Alguna que otra vez suspiré y dije: "Dios mío" —dijo Francesco.

—Yo sí recuerdo haber conversado contigo en algunas de mis vidas —dijo Agustín.

—Y bien, ¿a qué debo el placer de su visita?

—Quiero comentarte que muchas personas en la tierra tienen dudas. Es cierto que aquí no las albergamos, sabemos bien cuál es nuestra misión; en el cielo no hay incertidumbre ni dolor, vivimos en paz. Sin embargo, en la tierra, las personas siguen dogmas, a los que llaman religiones; redactaron libros según les convino interpretar la historia. Libros plenos de metáforas, malinterpretadas muchas veces, y en otras, descifradas con una claridad total. Todos los textos sagrados, llámense Biblia, Corán, Torá, Vedas, son libros de leyendas, en los que cada tanto aparece una buena reflexión, que hace que la persona siga a Dios.

De pronto, ese niño se transformó en adulto con sólo un chasquido de dedos. Se manifestó grande y barbado, tal cual Francesco e incluso otras personas han imaginado.

—Con esta imagen se sienten mas cómodos, ¿verdad? A mí me gusta ser niño pero, sin duda, al cliente lo que pida.

Agustín se carcajeó al pensar que, para Dios, los humanos podríamos ser sus clientes. Francesco también se rio con ganas.

Dios acomodaba tabaco en una pipa y la encendía también con sólo un chasquido de dedos. Una vez que le dio la primer fumada, les dijo:

—Tomen, es la pipa de la paz —estiró la mano para convidarles. Francesco estaba atónito al ver que Dios fumaba. Él lo miró y le dijo—: Francesco, sé que eres un gran maestro y que por eso te he enviado a la tierra, para que ayudes a las personas, lo que has hecho muy bien. Pero, aquí en el cielo, no seas tan ingenuo. Tu imaginación te lleva a pensar cosas sobre mí. No estoy fumando tabaco, quédate tranquilo, pero si este tabaco fuera de verdad, ¿crees que cambiaría en algo tu percepción acerca de mí? Hay algo más que me gustaría saber: ¿cómo creerían las personas que Dios debería estar representado para que lo sientan más creíble o más cercano? ¿En este momento hay algo en especial que quieran preguntarme?

Francesco se quedó pensativo y preguntó:

—Querido Dios, ¿entonces todas las veces que fui a misa no me escuchaste?

—Yo siempre escucho cuando rezan, de hecho es cuando más atención les presto. Ese sonido repetitivo de la oración, esa vibración alta y ese pedido desesperado que surge desde el corazón de cada ser, lo escucho perfectamente. No hace falta que las personas estén en las iglesias o templos, y menos mirando si el vecino reza bien o mal. La comunicación es entre las personas y yo, sin intermediarios. Los intermediarios, como pastores y sacerdotes, reúnen el rebaño y su trabajo es interesante, pero la comunicación entre las personas y yo es sagrada. No hay forma de triangular la información y de no sentirse atendido. Todo lo que se haga es de dos, entre tú y yo. Ama a tu dios interno por sobre todas las cosas y ama a quienes te necesiten. Ama la vida. No necesitas amarme a mí para que te cuide; necesitas amarte como me amas a mí, eso es amar a Dios. Ama al Dios que llevas dentro, no hace falta que los pecados se perdonen, con que tú te perdones y cambies, yo te tomo en la palma de mi mano y te hago libre.

"No tengo ira, no temas mis enojos. Aun así, si tuviera ira ésta sería benévola. Hay historias falsas sobre mí y que los humanos las toman por verdaderas a su conveniencia. Sí tengo hijos directos que he mandado a la tierra; ellos han sido y son grandes maestros, y todos han dado un mensaje genuino, rico y extraordinario; sin embargo, después cada quien los ha interpretado como mejor les ha convenido. Seguro se han preguntado: si soy Dios, ¿por qué no los he hecho perfectos?, ¿por qué se enferman?, ¿por qué se mueren?, ¿por qué tanta injusticia? Yo no creé enfermedades, ni pestes, ni guerras. En el caso de los terremotos y huracanes, ustedes viven donde ellos tienen sus ciclos para moverse. Ustedes alteran el orden y hay consecuencias.

"Las equivocaciones humanas son parte de ese libre albedrío que les concedí. Les di todo para vivir en paz, pero no lo han sabido hacer. Prácticamente están terminado con su planeta, les queda poco tiempo para resolver las contingencias ambientales. Si no los hubiera hecho libres, serían mis esclavos y no tendría sentido que estén en la tierra.

"He creado colores en la naturaleza que ninguno ha podido recrear en algún dibujo. En la vida todo es perfecto: la música deleita, la naturaleza brinda comida, los árboles ofrecen frutos deliciosos. Hay amor en todos y en todo, y tienen brazos para dar confianza. Pueden pintar, cantar, bailar y reír.

"No debo ocuparme cuando ustedes no saben hacer bien las cosas; ustedes tienen que entrenarse en el arte de vivir, no yo; yo no lo necesito. Sé escuchar los pedidos de auxilio, siempre y cuando se alineen sin miedo al bienestar que les doy a través de sus oraciones.

"Se vienen tiempos de cambios y en todos los niveles. Las generaciones están cambiando: cada una será más libre que la anterior. Las generaciones de los antepasados no pueden juzgarse porque nadie comprende en su totalidad lo que cada persona vivió en su tiempo. Yo no creé a las personas para que estén siempre juntas; no pedí que las familias se organizaran como si fueran muéganos. Yo los hice para dividirlos.

—¿Dividirlos? —preguntó Agustín—. No entiendo.

—Sí, cada quien tiene que emprender su camino. El camino es hacia mí; y quien viene hacia a mí, puede ir hacia el otro. No hay apegos ni dolor, sólo hay amor. "Amarás a Dios por sobre todas las cosas", dice el mandamiento; pero no necesito que me ames, necesito que te ames, y eso hace que me ames a mí. Es un camino de individualización.

"No quiero familias en las que un miembro se vea sometido al temor que, por opinar diferente de los demás, no pueda pertenecer al clan familiar y se sienta excluido. No quiero mujeres que estén con sus parejas por un interés material, porque a eso no se le puede llamar amor. El amor no es estar al pendiente todo el tiempo; es estar libre y acercarse al otro incondicionalmente. Porque ni Buda ni Jesús estuvieron apegados a su familia. No es necesario vivir juntos y apiñados. Cada cual tiene que caminar hacia mí y luego ir hacia el otro totalmente desapegado. ¡Eso es vivir! Cuando hablo de desapego, hablo de fe; y cuando hablo de apego hablo de lo material y del ego; de los juicios y de los prejuicios.

Dios hizo una pausa y dijo:

—¿Alguna pregunta?

Los dos maestros se miraron. Francesco pensó en preguntarle sobre cómo ayudar a Jazmín, pero decidió no molestarlo con eso, ya pensaría en algo.

—Muchas gracias, querido Dios —sólo atinó a decir Francesco—. Gracias por tus palabras, plenas de enseñanzas y sabiduría. Tanto Agustín como yo sabremos comunicarlas a los demás durante nuestras misiones, ya sean en la tierra o aquí, en el cielo.

—Sí, gracias infinitas, Dios —dijo Agustín—. Espero pronto tener otra conversación contigo, tan profunda y entrañable como la que tuvimos hoy.

Con estas palabras, Agustín y Francesco se despidieron, con una gran sonrisa, conscientes de que el encuentro había superado todas sus expectativas.

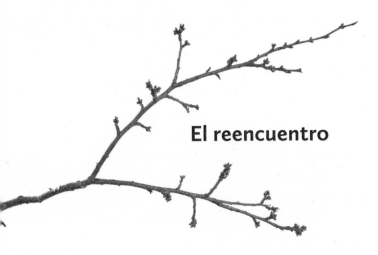

El reencuentro

El mejor amor es aquel que nunca se llega
a concretar totalmente.

Cuando se reencontraron Camila y Francesco, se alegraron mucho. Después de dedicarse una cálida sonrisa, el rubor asomó a sus mejillas. Ella intentó disimular que seguía enamorada de él. Francesco, como siempre, se mostró muy seguro de sí mismo, pero por dentro se moría de ganas de abrazarla y besarla. Él la conocía muy bien y estaba seguro de que el solo hecho de besarla podría tener consecuencias negativas, como apegarla otra vez a él, y entonces tendría que prometerle otra vez que nacerían juntos y disfrutarse, como las almas gemelas que eran.

En cambio, ella se moría de curiosidad por preguntarle si sabía que había solicitado el divorcio espiritual cuando se habían reunido por última vez en el cielo. Camila estaba segura de que el divorcio había funcionado. Y llegó a esta conclusión porque en su última vida en la tierra nadie había despertado un sentimiento profundo en ella.

Según las leyes de Dios, cada persona tiene un alma gemela y en todas las vidas debe encontrarse con ella, aunque estos amores no son para siempre. A veces tienen encuentros que pueden prolongarse eternamente o ser tan sólo un flechazo que sienten al cruzar una mirada. Si bien al mirarse suelen reconocerse como almas gemelas, sus mentes en ese momento se bloquean, y al mirar atrás se dan cuenta que dejaron pasar al amor de su vida. Estaría bien que si alguien siente un flechazo se lo diga al otro y descubra qué hay detrás de ese encuentro, pues es algo que no se debería dejar pasar. No siempre es fácil quedarse con el alma gemela; a veces, uno de ellos sufre y decide hacerse a un lado; los apegados saben muy bien que el desamor no se cura sencillamente. Las almas gemelas no pueden divorciarse de manera fácil, porque lo que Dios une, nadie lo desune. Pero si en una u otra vida, ninguna de las dos partes se encuentran, entonces una de ellas tendrá permiso de renunciar a la otra.

Camila y Francesco se contemplaban intensamente. Hubo un silencio largo y profundo durante esa mirada. Ella pensaba en tantas cosas y Francesco también, pero se contenía para no decirle todo lo que sentía por ella, temeroso a tener complicaciones en un futuro.

Si bien están viviendo como espíritus, aún experimentan todos los sentimientos.

De pronto Francesco escuchó una voz interior: *Di lo que sientes*, pero él volvió a decirse: *No voy a prometer lo que no sé si podré cumplir, y a Camila no se le puede prometer nada, porque si no lo cumplo, me lo reclamará.*

Él tuvo la curiosidad por preguntarle si se había enamorado en su última vida en la tierra, pero la reprimió. Ella parecía que le leía la mente: no quiso hablar de amor; estaba harta de que él no demostrara sus sentimientos con claridad y de siempre estar esperando una señal suya.

Así que, entre esos diálogos internos, se quedaron mudos por unos segundos. Cuando no se sabe qué decir es mejor callar.

Hasta que Camila, después de exhalar un profundo suspiro, se animó a iniciar la conversación:

—¡Qué alegría verte! Dime, ¿qué misión tienes ahora en el cielo?

—Me asignaron para cuidar un bosque y vigilar que no se vuelen con el viento las cartas que las personas envían a sus antepasados, para que así puedan cumplirse sus deseos. Además, ser guía de los espíritus que vengan a visitar el lugar. Te platico que esta vez he conocido el cielo como nunca. Ojalá me quede mucho tiempo aquí.

—A mí también me gustaría quedarme por un largo tiempo, sobre todo ahora que estoy al frente de la biblioteca de Alejandría.

—Qué gusto, es una labor extraordinaria. A propósito, Camila, tengo planeado convocar una reunión. ¿Conoces a Jazmín, la niña que prepara brebajes con jengibre?

—Sí. Acabo de conocerla. Es muy linda; tiene un alma preciosa, pero no luce el brillo acostumbrado. La veo muy triste.

—Justo por ese motivo quiero reunir a algunas de las diosas que moran aquí para que la ayuden. Si después de eso Jazmín quiere bajar a la tierra o no, será su decisión, pero no me gusta verla como está ahora.

—¡Me parece una gran idea! ¿Y qué quieres que haga?

—Que estés a su lado y, si puedes, apoyarla para que tenga más fuerzas cuando le corresponda regresar a la vida. Eres muy buena dando consejos. Eres esa clase de mujer que sabe aconsejar, proteger, amar; sabes ser precisa con lo que el otro necesita.

—No creas que soy tan buena aconsejando, ni tan precisa.

—¿Por qué lo dices?

—El tema de los amores son mi perdición: soy apegada, celosa, mal pensada...

—Vaya que lo sé —respondió Francesco, con una sonrisita irónica—. Bueno, todos cometemos errores. Por ejemplo, yo soy aprensivo, juicioso, metódico... y contigo he sido muy egoísta.

Después de escucharlo, ella sintió que, por fin, podía decirle lo que sentía por él desde el corazón:

—¡Te amo, Francesco! No me dejes más, ni en el cielo ni en la tierra —en cuanto pronunció estas palabras, Camila sintió como si le hubieran quitado toneladas de plomo del alma.

A él se le anegaron los ojos, la tomó de las manos y le dijo:

—¡Yo también te amo! Me arrepiento profundamente de las veces que dejé pasar el amor que sentía por ti. Me arrepiento de las veces que no te di el valor que te merecías. Me arrepiento de no darme cuenta de lo importante que eres para mí.

Los dos se besaron, justo debajo del árbol del amor.

En ese momento Eros pasó caminando frente a ellos y les silbó. Ellos dejaron de besarse, sobresaltados por la inoportuna interrupción.

—¿Soy inoportuno? —preguntó Eros.

—No... —respondieron al unísono, riéndose.

—Me da gusto que por fin coincidan. ¡Ya era hora! Voy a confesarles que me tenían un poco cansado de tantos desencuentros entre ustedes.

—¿Te hartan nuestros desencuentros? No es nuestra culpa; en realidad es tuya, porque tú eres quien flechas mal —le dijo Camila, un poco en serio y otro poco en broma.

Eros se retiró entre risas mientras acomodaba las flechas en su carcaj de piel marrón.

Camila y Francesco se quedaron tomados de la mano, mientras él le contaba con mayor detalle su plan de cómo pensaba ayudar a Jazmín...

El poder de las mujeres

Las personas más bellas con las que me he encontrado son aquellas que han conocido la derrota, conocido el sufrimiento, conocido la lucha, conocido la pérdida, y han encontrado la forma de salir de las profundidades. Estas personas tienen una apreciación, una sensibilidad y una comprensión de la vida que las llena de compasión, humildad y una profunda inquietud amorosa. La gente bella no surge de la nada.

ELISABETH KÜBLER-ROSS

Camila y Francesco fueron muy acertados con su elección de buscar a las diosas del cielo, a las más poderosas y amorosas de todas las épocas. Ellas eran las diosas más justas y transformadoras de todas las épocas. Eran fuertes y flexibles a la vez, y sabían muy bien transmitir su sabiduría con dulzura.

Entre los dos planearon reunirlas en el bosque, precisamente donde se encontraba el árbol del amor.

La primera que acudió al encuentro fue Bastet, rodeada de sus gatitos que siempre la acompañaban. Llevaba de regalo para Jazmín una campanilla azul que había usado cuando era pequeña.

—Hola, Francesco, ¿cómo estás? —dijo la diosa.

—Hola, Bastet, qué hermosa luces esta mañana.

—Sí, es que hoy me bañé —dijo coqueta la diosa, riéndose—. A los gatos nos encanta el agua, sólo que nos hicieron mala fama allá abajo. Si de pequeños no nos acostumbran al agua después nos incomoda que nos bañen.

Francesco también se rio mientras acariciaba a una de sus crías.

—También eso nos pasa a las personas. Como somos animales de costumbres, a lo que nos acostumbran de pequeños es a lo que respondemos.

—Te veo preocupado, ¿qué te pasa?

—No sabes qué pena me da esta niña. Me pregunto qué será lo que le habrá pasado para que esté tan enojada; tanto como para no querer volver a la vida. Además, ¿qué le habrán hecho aquí también para que no pueda olvidar lo malo que vivió en su vida pasada? Parece que aquí también hay fallas.

—¿Fallas? —preguntó Bastet, incrédula.

—Sí, vaya que las hay. Recuerdo una vida en la que fui un muchacho llamado Agustín. Desde pequeño recordaba a los maestros ascendidos y las vivencias que había tenido aquí antes de nacer. No fue fácil mi infancia, no tenía ganas de tener amiguitos y aún menos estar con mi madre; sólo quería volver a este lugar. Siempre me sentí perdido. Cuando vienes aquí, pasa lo mismo: los malos recuerdos de la vida se borran y se quedan únicamente los buenos momentos.

—Desconozco lo que ustedes experimentan durante esos procesos. Por ellos no pasan los maestros ascendidos ni los ángeles. Nosotros, los dioses, tampoco, porque somos eternos y, te confieso, envidiamos a los humanos por la capacidad que tienen de estar en la vida y regresar continuamente: la rueda de la vida es todo un proceso de sabiduría inmenso.

Francesco, escuchándola con atención, le contestó:

—Nadie querría irse a la vida teniendo toda la información de lo que le va a pasar; sería una tortura o causa de una gran ansiedad ver el futuro, saber que algo maravilloso sucederá dentro de uno o diez años, por ejemplo, y no cuando uno lo necesita o en la edad que le gustaría vivirlo. Tampoco recordamos el cielo, porque al ser tan sublime no podríamos conectarnos con la tierra y, yo a la vez te confieso: en la vida nos enfrentamos a una serie de situaciones extraordinarias que también son hermosas.

—Entonces la ley del olvido es, sin duda, perfecta —afirmó la gata, muy segura de lo que decía.

—Sí sería perfecta, Bastet, si funcionara bien —Francesco respondió en tono irónico—. Como te comenté, mis años de infancia fueron dificilísimos. No quería estar con los demás niños, compartir juegos, asistir a fiestas... Anhelaba estar solo para rememorar el cielo, el cual contemplaba durante horas. Hubo épocas en las que recordaba muchas, muchas cosas; no era justo vivir así. Hasta que un buen día algo sucedió, y olvidé todo. Supongo que aquí se dieron cuenta de mi situación, buscaron el modo de cambiar algo en mi alma y lo solucionaron. Entonces, como puedes ver, conmigo falló la ley del olvido. Si les falló conmigo, aquí donde se supone que saben hacer bien las cosas, ¿por qué no les fallaría también con Jazmín? La niña vivió la misma situación, pero de diferente modo. Los míos eran buenos recuerdos, a pesar de la nostalgia que me invadía porque no los podía llevar al presente, pero ella sólo alberga malos recuerdos. No quiero imaginar lo que sentirá.

—Debemos darnos prisa para solucionar cuanto antes esta condición de Jazmín. No hay razón alguna para retrasar la ayuda —Bastet comentó.

—Bastet, un favor: ¿podrías ir a buscarla, mientras yo recibo a las demás diosas? —le pidió Francesco.

—Claro, ahora mismo —respondió la diosa.

Jazmín cuidaba el jardín de los girasoles cuando Bastet llegó.

—Querida niña: vengo a invitarte a una reunión para que conozcas a algunas de las diosas más sabias de la historia del universo.

—¿Diosas? ¿Y para qué querría conocerlas? No me gustan las diosas —afirmó contundente Jazmín.

—¿Por qué no te gustan?

—Porque no existen, como no existen las hadas, ni los duendes, ni las princesas.

—¡Aquí has visto todo lo que nombraste!

—Sí, pero aquí todo es mágico y yo estoy segura de que convocaron esa reunión para convencerme de que vaya a la vida. La verdad, si es que tengo libre albedrío, no pueden obligarme a hacer algo que no quiero.

—Y si estás tan segura de que no te vamos a convencer, ¿por qué te rehúsas a asistir? Si nada te moverá de tu eje, de tu centro, no deberías temerle a ningún viento, salvo que sientas que en realidad eres una veleta.

—No, ¡no lo soy! —contestó la niña—. Y te lo demostraré: acudiré a la reunión, pero en el momento en que me sienta incómoda, me iré.

Bastet levantó una pata a modo de juramento de honor.

—Espérame un poco, llevaré algunos brebajes. ¿Los beben las diosas? —preguntó Jazmín, mientras recogía unos vasos con jugo verde, que ya tenía preparados.

—Lo que tú les invites les va a encantar.

—Entonces se los llevaré y unas margaritas también.

Así fue como las dos se fueron caminando en dirección al árbol del amor donde ya se encontraba la diosa Isis. Francesco ya había formado un tapete circular de hojas secas para que se sentaran y estuvieran cómodas.

—Hola, Jazmín —dijo Isis en cuanto vio aparecer a la niña y a Bastet—, esperemos que te guste conocernos y pronto seamos amigas. Estamos en esta reunión porque queremos ayudarte a quitarte los malos recuerdos de tu vida anterior. No tengas miedo, no te obligaremos a que nazcas. Si no quieres hacerlo, es decisión tuya, pero ¿estás de acuerdo de que con la tristeza que sientes, aquí tampoco puedes ser feliz?

La niña asintió, convencida de que la diosa tenía razón.

—Diosa Isis, le agradezco sus palabras y su preocupación por mí.

—Bien, empecemos. ¿Quieres contarme qué es lo que recuerdas?

—Recuerdo que en una vida mi madre se separó de mi padre, yo tendría más o menos siete años. Después ella se casó con un hombre malo, era alcohólico y nos golpeaba a mis hermanos y a mí. Mis hermanos eran mayores que yo. Ellos siempre tuvieron más privilegios justamente por ser hombres. Además, como mi tez era más oscura, mi abuela paterna afirmaba que yo no era hija de mi padre; por eso, no me quería pero a mis hermanos sí. Sin embargo, cuando se trataba de golpear, ese hombre no distinguía género. Un día, mi mamá, ya cansada, nos llevó con mi abuela paterna —mi padre acababa de fallecer—, pero sólo recibió a mis hermanos, a mí no me quiso a su lado. A mi madre le convenía que permaneciera con ella porque, como era mujer, podía hacer los trabajos domésticos y darle el gusto a su marido de que me tratara como una esclava. Fue así como me quedé con ella y con el loco de mi padrastro. Mi madre nunca estaba en casa, salía todo el día a trabajar y llegaba sólo a dormir. Su marido estaba todo el tiempo borracho; le tenía terror. Cuando tenía alrededor de ocho años, él abusó de mí; no me animé a contarle a mi madre hasta que tuve quince años, porque me enteré de que este hombre había violado también a mi prima. Entonces, me decidí a contárselo, pero no me creyó e incluso me dijo que yo estaba loca. No sé qué fue más doloroso: su negación o el abuso de su pareja. Al igual que las niñas que no son felices con sus padres, fui en busca de alguien que me rescatara y a los dieciséis años me embaracé; lo hice inconsciente o conscientemente para irme de casa y para que alguien me diera amor; en este caso el amor seguro lo buscaba en un hijo. Pero me fue peor, repetí la historia. Este chico parecía el doble de mi padrastro: se emborrachaba, me golpeaba y, además, yo tenía que mantenerlo, así que me vi obligada a trabajar en una panadería. Por los golpes que me propinaba durante el embarazo, aborté aquel pequeño ser que llevaba en mi vientre y que tanto anhelaba. Después con él tuve una niña, y ella lamentablemente repitió la historia con sus hijos. Vivíamos en México, pero mi hija se embarazó y se fue a Estados Unidos para tener allá a su hija, para que obtuviera la nacionalidad norteamericana; yo la acompañé y me quedé allá como ilegal para siempre. Me sentía aprisionada en ese país, no tenía apoyo médico, en realidad de ningún tipo. Trabajé como empleada doméstica para darle una carrera a mi nieta, porque, al poco tiempo de nacida, mi hija abandonó a su pequeña. Y la historia se volvió a repetir. Mi sueño de entonces era conseguir un hombre que me quisiera, pero todos a los que conocí jugaron con mis sentimientos y a ninguno le importó mi vida. Por suerte, no llegué a vieja. Por eso, yo no regreso a la vida. Aunque sé que de estas historias está lleno el planeta.

"Me gusta estar aquí. Al llegar me preguntaron qué edad quería tener y me decidí por los dieciséis años porque recordé que a esa edad tenía un lindo trabajo en una panadería. La señora que me contrató era muy buena conmigo y me quería mucho. Fue la única vez que me sentí querida por alguien. No entiendo por qué ustedes están empeñadas en que yo regrese, ¿causo molestia estando aquí?

Las diosas se quedaron pensando en si era tan importante que regresara o era un capricho de todos el querer verla de vuelta en la tierra.

Entonces la diosa Isis le habló:

—Claro que no molestas. No sé si será relevante que bajes a la vida. No sé cuántos espíritus están en tu misma situación, recordando malos momentos. Pero si no regresaran porque sus historias no fueron como las hubieran deseado, la tierra estaría vacía. Como soy una diosa, claro que no puedo opinar de la vida porque nunca fui humana, pero también tengo mi historia, debes saber que los dioses también sufrimos. Soy la diosa del amor y de la sabiduría, protejo a los niños y me han vinculado con la maternidad, así como a Bastet; estamos asociadas a los mismos poderes, sobre todo por ser mujeres. Escucha bien: todas las mujeres son diosas.

Bastet añadió:

—Jazmín, mi querida Jazmín, al alma hay que darle de comer. No debes perder la fe en ti, ni en la vida. Las mujeres, desde que ponen un pie en la tierra, son despreciadas. Sé que ya leíste algunos libros y tratados de la biblioteca de Alejandría, esos que habían sido quemados. Como sabrás, los hombres destruyeron aquellos libros que no les convenía que leyéramos para acceder al conocimiento que nos liberaría de su esclavitud. Libros que mostraban el gran poder con el que nació la mujer. El hombre debió haber sentido un gran recelo por ese poder y tal vez las mujeres abusaron de él, pero las siguientes generaciones pagaron por las situaciones tan injustas que causaron las historias pasadas.

—Esos libros se quemaron para que nosotras no reconociéramos el poder que tenemos —intervino Camila—. Es un poder infinito. Piensa nada más en nuestro cuerpo: la bendición de poder engendrar y llevar un hijo en nuestro vientre; tener la fuerza de dar a luz; experimentar el dolor de amamantar y, a la vez, disfrutar de dar un alimento amoroso con el propio cuerpo.

Bastet, mientras escuchaba, se lamía para sentirse aún más bella y limpia, y comentó:

—En otras épocas, las mujeres fueron amazonas; en esa época se adoraba a las diosas y un día nos creímos más poderosas que los hombres. Entonces ellos dijeron: "Hasta aquí con tu poder, en adelante te deberás cubrir; te olvidarás de los dioses, ahora vas a obedecer a un solo dios". A partir de ese momento, la mujer tuvo que cubrirse el cuerpo y el pelo, porque se creía que el cabello embrujaba a los hombres.

—¿Embrujar? —preguntó Camila.

—Yo leí otra teoría —dijo Isis—. En la época en que los hombres descubrieron la Ruta de la Seda mejoró el comercio. Hubo más presencia de hombres extranjeros en esas tierras, y como las mujeres eran muy bellas las raptaban; además, al verlas tan vulnerables las violaban y las hacían sus esclavas sexuales; fue así como sus esposos y sus padres las obligaban a cubrirse todo el cuerpo y las encerraban. En el libro sagrado del Corán hay un texto que dice así: "Como eres peligrosa, tú, mujer, que tienes el poder para embrujar porque eres demasiado bella, te deberás encerrar porque tu belleza puede manejar a los hombres, así que te guardarás en tu casa". Como podrás ver, para las religiones el poder maravilloso de la mujer, el poder de la sensualidad, es peligroso.

"En la Antigüedad, no debía conocerse el nombre secreto de los dioses, porque si se revelaba podrían quitarle el poder. Así que, mi niña, el día que nazcas —si deseas hacerlo— nunca revelarás a tu familia y amigos el nombre con el que te bautizaremos, lo mantendrás en secreto. No les contarás tus pensamientos más profundos a las personas que serán tus parejas porque podrían volverse en contra tuya. La pareja no es confidente; confidentes pueden ser los padres, los hermanos, los amigos y los hijos también; las parejas, no.

"Te daré el poder de la justicia, pero no una justicia llena de moral, porque ésta aparta el amor; te harías una persona tirana que siempre estaría midiendo los extremos entre lo bueno y lo malo, y no contemplarías las medias tintas, y sin grises no podrás avanzar. Rígida, te quebrarías. Mantén tu justicia propia, no la de los demás, pues cada uno mide con su propia vara y con su propia balanza. La justicia verdadera es ciega. No podrás nacer juzgando que lo único bueno es lo que tú haces; la gente se equivoca, tú también lo harás. Pero eso no impide que puedas elegir dos caminos: quedarte porque la situación o la persona valgan la pena, o irte. Recuerda: no importa si pierdes cosas o poderes materiales, el verdadero poder reside en la libertad misma de encontrarte en tu ser interior.

—Toma mi cascabel, lo llevaba cuando yo era pequeña —le dijo Bastet.

—¡Qué bonito es! —dijo Jazmín y preguntó—: ¿Es un llamador de ángeles?

—Sí, podría decirse que es una especie de llamador —contestó la diosa gata.

El ángel de Jazmín, que unos momentos antes había llegado a la reunión y estaba sentado a su lado, se sobresaltó al escuchar que un cascabel podría llamarlo. Jazmín no lo había visto hasta que él comentó:

—¡Yo no creo que esto me llame! Me gustan ciertos sonidos como el de las campanas, el de los carruajes de caballos y el de los delfines; y también el del cascabel que Jazmín nombra como "llamadores de ángeles". Recuerda esto: aunque no me llames, siempre estoy a tu lado.

—Más vale que estés con ella en su próxima vida —comentó Bastet—. La vida es bella, pero también es una selva y los humanos siempre te necesitarán —se giró hacia Jazmín y le dijo—: usa el cascabel como símbolo de que nunca te dejarás pisar por nada y por nadie.

Jazmín lo tomó entre sus manos como si fuera un gran tesoro y se lo llevó al pecho. Cerró los ojos, meditó unos segundos y, de pronto, derramó unas lágrimas. Al abrir los ojos de nuevo, emocionada afirmó:

—Un llamador de ángeles para que nadie me pise.

—Pero no es cualquier llamador —intervino Isis—, pertenece a Bastet y ella es una gran diosa, amada por todo Egipto. Ella representa la fertilidad.

Jazmín acarició a la gata y a una de sus crías. Miró a su costado y le clavó la mirada a su ángel, un poco recelosa.

—¿Qué pasa? ¿Por qué me miras así? —le preguntó su ángel.

—¿Dónde estabas cuando él me pegaba, cuando pateó mi vientre y me hizo perder a mi primer hijo?

El ángel la escuchó con atención, y con ternura le dijo:

—Mi adorada Jazmín, yo estaba ahí contigo, te acompañaba en tu libre albedrío. Tú tienes más poder que yo en la vida. Si eliges un mal amor, yo no puedo hacer nada.

Jazmín, con la cabeza gacha, le respondió enojada:

—Si no podías hacer nada, entonces ¿para qué te tenía?

—Aunque no lo creas, te acompañé y te facilité ciertos momentos. Además te ayudé a que tocaras fondo, porque ésa era la única forma en que podías entender cómo salir de esa pesadilla en la que tú solita te habías metido. Los ángeles aún no hemos aprendido a comprender la baja autoestima de las personas. Pero, a veces, ustedes pueden asimilar y trabajar en las malas experiencias para desapegarse y olvidarse de ellas —dijo el ángel.

Jazmín permanecía obstinada, escuchaba pero no quería entrar en razón, aún tenía miedo de regresar a la vida, y le contestó:

—De acuerdo, tú no pudiste interceder porque yo tenía que vivir la experiencia completa, pero ¿mi alma gemela dónde estuvo todo el tiempo que pasé en la vida?

Francesco, que estaba sentado detrás de Camila y cerca del ángel, en cuanto la escuchó, intervino:

—¡Hay que llamarla! Tendría que explicarnos por qué no apareció en aquella vida. Deberías haberla encontrado —agregó Francesco.

—Francesco, ¿por qué hablas con tanta seguridad de su alma gemela? ¿Tú dices eso? Tú tampoco saliste en mi busca —dijo Camila, algo alterada.

—Parece, Camila, que tu memoria es corta, ¿no recuerdas el divorcio espiritual que solicitaste?

Camila guardó silencio, pero no por mucho tiempo:

—¿Jazmín no habrá hecho lo mismo que yo?

—¡No creo! —dijo Jazmín—, no creo haber sido tan exigente como tú —Camila pasó saliva y pensó que era más sano mantenerse callada—. ¿Y las fuerzas de mis antepasados? ¿Dónde estuvieron ellos cuando los necesité?

—Aunque no lo creas sus fuerzas estuvieron contigo, de lo contrario no hubieras resistido tanto.

—¿Y para qué resistí, si mi vida no me gustó? ¡Yo no bajaré! No lo haré hasta que todos ustedes propongan una solución para terminar con mis miedos y dudas sobre mi próxima vida, y yo tenga la seguridad de que seré bien amada y que no sufriré.

—¿Quieres estar segura de que no sufrirás en la vida? ¿O quieres una solución para cada sufrimiento que te aqueje? Porque si no quieres vivir para no padecer sufrimientos, lamento decirte que entonces la vida no es para ti. Es imposible que la vida sea perfecta todo el tiempo. En cambio, sí te podría dar la solución para que no te apegues al sufrimiento y tener una vida preciosa que, si bien no será color de rosa siempre, puede ser un arcoíris —dijo Camila.

—¿Cual sería la solución? —preguntó Francesco.

—¿Te gustaría hablar con Dios, Jazmín? —le preguntó Camila.

—No. No me siento digna de hacerlo. Él me dio la vida, y yo me equivoqué.

—Parece que nada te convence: no quieres nacer, no crees en el poder de la equidad de género, en fin, en la vida que te estamos prometiendo que tendrás. Tampoco quieres tomar los poderes de las diosas que te están ofreciendo, ese poder que seguramente en tu vida anterior te habría encantado tener. Dime, ¿cómo te ayudo? —preguntó Camila.

—¡Por favor, ve a hablar con Dios! Dile que no usaré ningún cascabel para que no me pisen; que no iré a la vida ni con todo el conocimiento que las diosas, que ahora considero mis amigas, me acaban de regalar.

—¿Dime de verdad por qué te rehúsas? —preguntó Bastet.

—No lo haré hasta que no vea empoderada a la última mujer en la tierra. Hasta que no estén libres de la vergüenza que cargan ancestralmente, no bajaré. Hasta que las mujeres no dejen de sentirse denigradas, usadas, maltratadas, abusadas, humilladas, traicionadas, rechazadas, abandonadas y consideradas como esclavas sexuales, no bajaré. Hasta que no se les reconozca que son bellas por dentro y por fuera, y se les deje de considerar prostitutas porque se muestran bellas. El hecho de que Dios sea hombre, no está bien.

—Nosotras somos diosas —dijo Isis— y él está sobre nosotras. Es una energía superior y nos sentimos protegidas por él. Porque lo masculino protege a lo femenino.

Jazmín se encogió de hombros.

—Pero no se trata de quién es más, ni de quién es menos, tú no lo has entendido bien —dijo Bastet.

—Yo he aprendido que todos los seres humanos somos almas femeninas hasta que la definición hormonal aparece a las ocho semanas y las hormonas, como la testosterona, convierten a ese ser en hombre. Antes de esas semanas de vida, todos los seres vibran en una energía femenina. Así que si Dios es hombre y nos hizo a su imagen y semejanza, entonces no es hombre: ¡Dios es una mujer! —dijo Camila.

—Pero yo lo conozco —dijo Francesco—, y Dios es hombre.

—Qué conversación más ilógica. Qué diferencia habría si es hombre o mujer —dijo Bastet entre risas. Ya un poco más serena, sentenció—: Dios es Dios y punto.

—Bueno, en realidad eso no me importa —dijo Jazmín—. Yo sólo sé que Dios es grande, y seguramente, como dicen, es mitad hombre y mitad mujer. El día en que todas las mujeres se empoderen, ese día bajaré a la vida a bailar con ellas. Porque eso sí, si no quieren asignarme un alma gemela no me importa, pero que no se olviden de darme un maestro de baile. Si nazco sólo quiero eso: un buen compañero de baile. ¿No dicen que la vida es un baile? Por el momento, observaré el mundo y a cada mujer que vea desde aquí le regalaré los poderes que ustedes me regalaron. Les pediré que se bauticen con un nombre nuevo. Porque ahora sé que el nombre secreto de cada una de ellas es el elemento primordial para tener poder. Y cuando entren en un lugar sientan que ellas mismas son un gran secreto. Bajaré a la vida cuando las mujeres sean justas, asertivas y tengan dignidad, y desde ahí amen a sus hombres. Que no los amen desde sus necesidades, sino desde sus fortalezas.

—Entonces, si algún día decides nacer, ¿qué te parece si te preparamos desde ahora? —dijo Isis—. Busquemos un nombre secreto para ti. Como ya sabes, los nombres secretos dan poder; recuerda que Dalila robó el poder a Sansón cuando supo su verdadero nombre.

Isis rio y dijo:

—Qué sinvergüenza esa Dalila, hizo lo mismo que yo.

Yohana García

—¿Que tú? —le preguntó Camila.

—Quería saber el verdadero nombre de Apolo; también conocer los verdaderos nombres le quitan el poder a las personas cuando te quieren lastimar.

—Ustedes tienen mucho que contar —dijo Camila.

—Bueno, no todo el empoderamiento consiste en saber si las mujeres son más que los hombres —dijo Isis—. No se olviden que a pesar de nuestra condición como diosas, hemos dado todo por amor, e Isis y yo, y muchas diosas más, hemos bajado al inframundo para rescatar a nuestras parejas y a nuestros hijos. Aquí no se trata de que uno sea más que el otro; esto es circular, un yin y yang, un dar y un recibir; no hay más.

"Jazmín, vamos a darte poderes para que, cuando los poseas, tengas el mundo a tus pies. Con estos mismos poderes, cualquier persona, sea hombre o mujer, obtendrá la fuerza interna que siempre deseó.

Primer poder: hay que cambiarse el nombre de nacimiento; esto representa dar un giro de 180 grados para bien.

Segundo poder: aprende un conjuro. Éste será tu frase, tu mantra, la canción que te define: tienes que saber quién eres, cómo eres, qué quieres. El conjuro es la combinación de todo lo que puedes y deseas hacer en la vida.

Tercer poder: aprende a caminar, erguida, con la cabeza al frente, ni inclinada hacia arriba ni hacia abajo; lleva la cabeza sobre tus hombros con elegancia. Tus piernas deben tener un romance entre ellas: pasos largos y seguros.

Cuarto poder: guárdate un secreto y aprende a hablar con ternura y seguridad; aprende a preguntarle al otro lo que le gustaría contarte sobre él.

Quinto poder: búscate un compañero de baile, porque quien no disfruta bailar no conoce la vida.

"Déjanos bautizarte. Te propongo el nombre de Nut. ¿Te parece bien?

—Sí, quiero llamarme Nut.

Entonces Isis la ungió con aceite de oliva y mandó llamar a los querubines para que las acompañaran con sus cantos. Y dio inicio a la ceremonia:

—Te bautizo con el nombre de Nut. "Nut, la que soporta el cielo, la que tiene el mundo a sus pies." Te regalaré un conjuro para que nadie te haga daño. Te prometemos que con él no te pasará nada malo, ni permitirás que un mal amor te arrebate la libertad. Porque, a veces, te verás en la disyuntiva de elegir el amor de tus amores o el amor a la libertad, pero recuerda: el verdadero amor será el que te dejará libre. Todas las noches, antes de irte a dormir, te dirás esto: "Yo soy una mujer abierta y receptiva, soy un bello secreto". También tendrás que aprender una nueva forma de caminar.

—Yo le enseño —dijo Bastet

—Tú eres una gata —protestó Camila.

—Sí, pero también soy una diosa.

—Mejor yo te enseño —exclamó Isis. Jazmín y ella se incorporaron y caminaron como si estuvieran en una pasarela—. Empodérate, el poder está en el ombligo. Respira profundo y pronuncia para ti esta frase: "Soy una mujer poderosa porque soy la fuerza que Dios me ha dado y nada ni nadie puede pisarme".

YOHANA GARCÍA

Nut con voz fuerte repitió:

—"Soy una mujer poderosa porque soy la fuerza que Dios me ha dado y nada ni nadie puede pisarme", y además tengo mi llamador —se rio.

—Sí —dijo Camila—, pero también te falta una forma de mirar distinta.

—Ésa yo te la doy —dijo Bastet y con sus ojos de gato le indicó cómo hacer un mohín de indiferencia—. Pon cara como si no estuvieras pensando en nada. De hecho, no pienses en nada; con sólo esta mirada de indiferencia lograrás atraer.

A Nut le encantó ese nuevo poder.

—Falta el poder de la danza. Nadie mejor que Hathor para que sea tu maestra, Jazmín. Debes saber que Hathor es la diosa egipcia del amor, la guerra y la danza. Ella posee el don de la danza, aquella que hace olvidarse de los problemas y que proporciona la herramienta más poderosa que puede usar una mujer: la seducción, que sólo nace de un buen corazón. Hathor afirma que las mujeres han movido al mundo y ganado guerras con el amor, y que cuando así lo deseen pueden llevar a la paz al mundo —dijo Camila—. Iré a buscarla.

Al cabo de unos minutos llegaron.

—Acá estoy —dijo Hathor, y preguntó—: ¿Qué desean que haga?

—Necesitamos que le impartas una clase de danza y seducción a nuestra amiga Nut.

—Bueno, lo primero que debes hacer es aprender una nueva forma de hablar que consiste, paradójicamente, en guardar silencio. La seducción no habla, se mantiene en secreto. Siempre que seas un enigma, atraerás y entonces siempre te querrán. Cuando la gente te escucha, sabe cómo eres y dónde puede lastimarte. Nunca desnudes tu alma del todo, guárdate algo para ti. Estás construyéndote, en este momento estás creándote una nueva identidad. Ahora que ya conoces tu nueva forma de hablar, te daré una frase para murmurar: "Yo soy lo que quiero ser y nadie lo puede impedir". Hay un frase más con la que te ganarás al mundo, aquella que enamora a todos; a cada persona que conozcas dile: "Cuéntame más de ti". A todo el mundo le gusta hablar de sí mismo.

—Algo más, Nut —dijo Isis—, cuando no sepas qué hacer piensa en esto: "Saca una idea de la mente, un sentimiento del corazón; los atas con ayuda de las palabras para formar una frase de amor y resulta que tu vida se vuelve mágica, totalmente mágica". Y recuerda que Dios está en todas partes; justamente ahí donde no has mirado es donde él te estuvo esperando. Ahora puedes encontrarlo, porque vive en tu corazón.

—Es tiempo de la clase de danza: cuando bailes, haz este paso —le dijo Hathor—: pisa con fuerza la tierra, baila; cuando bailas con los pies en la tierra, bailas con tus ancestros, bailas con todo África, donde están las raíces de todos los seres humanos, porque me imagino que si bajas, querrás ir a la tierra —dijo la diosa, riéndose—. Y si no encuentras a tu alma gemela, o si no la quieres, invócame y te buscaré un compañero de baile.

—¡Ahora ya me dieron ganas de bajar! —dijo Nut.

—Acuérdate de tu promesa: hasta que no se empodere la última mujer sobre la tierra no irás a la vida —le advirtió Isis.

—Entonces les mandaré mi amor para que se apresuren a empoderarse —argumentó Nut.

—Yo, colores de sanación —apuntó Francesco.

—Nosotras les transmitiremos fuerza —dijeron al unísono las diosas.

—Yo les mandaré toda la sabiduría de las bibliotecas sagradas para que cada libro que encuentren en su camino las

libere de los miedos y sepan que siempre estarán acompaña-
das por todos los que estamos en este mundo y por los seres
que las aman en la vida —dijo Camila.

Francesco miró con amor a Camila y la tomó de la mano.
Ella le devolvió la misma mirada amorosa. Todo el cielo se iluminó con un arcoíris.

Un aroma a incienso despertó a Francesco, lleno de paz y alegría. Escuchó la voz de su maestro de la vida anterior, aquel
que había conocido y acompañado en su ashram en la India:

—Francesco, sigues siendo el alma grande y noble de siempre, y eso me enorgullece. Te has preguntado todo este tiempo en el cielo si tu misión era sólo cuidar el bosque y las cartas
para que no volaran al árbol equivocado. Recorriste el cielo,
conociste nuevos lugares, pero en más de una ocasión sentiste culpa de abandonar por momentos el bosque, porque creías
que tu misión consistía en sólo trabajar; y si bien en el cielo todos trabajan, también disfrutan y se dan su tiempo.

"Esta vez te ha tocado una misión grande, mi querido dis-
cípulo: descubrir a Jazmín, conocerla, compadecerte, entenderla y acompañarla. Tu corazón y tu grandeza te dieron las
herramientas de la imaginación: lograste reunir a las diosas;
y creo que si hubieras tenido más tiempo habrías buscado al
maestro Jesús y a la virgen María, e incluso a José. Y sé que todos te habrían acompañado para empoderar a esta alma sin fe.

"Sé que hoy será un gran día porque despertarás en ella
la alegría para vivir a plenitud en la tierra, con la condición
bendita de nacer mujer. Cuando ella nazca, todas las mujeres que han sido ultrajadas dejarán de serlo y recuperarán su
dignidad.

"Esta etapa en la que entrará la nueva mujer, la del corazón abierto y las alas desplegadas, con los pies en la tierra y el corazón en las estrellas, será la mejor de la tierra.

"Por algo pasan las cosas, Francesco, por algo se apareció Jazmín, Nut, ahora. Por algo cuidaste el bosque, y por algo bebiste el jugo de jengibre casi todos los días, justo aquel que no querías tomar cuando estuviste conmigo en la India. Recuerdo cómo te costaba acostumbrarte a las nuevas especias, tan diferentes de las que conocías.

"Sabes muy bien que toda persona que aparece en nuestro camino lo hace para ser sanada, apoyada y amada. Es fácil dar amor, muy fácil...

"Ahora te quedarás con tu alma gemela, pero recuerden que el apego no sirve para nada.

"El único apego genuino es a tu dios y a ti mismo."

Agradecimientos

Entre el cielo y la tierra no hay mejor lugar para navegar por la vida que el Océano. Por eso Francesco eligió esta editorial para difundir sus mensajes, porque sabe que aquí lo aman, y él y yo amamos a su gente.

Todo mi cariño y agradecimiento a Rogelio Villarreal Cueva, el mejor editor y una excelente persona. A Guadalupe Ordaz, quien ha sido un faro en cada uno de mis libros. A Guadalupe Reyes, Lázaro Cruz, Connie Flores, al equipo de promoción y publicidad, y al resto de las personas que laboran en esa entrañable editorial, de la cual me siento sumamente orgullosa. Gracias a Adriana Cataño por darle forma a mis ideas.

Gracias a mi amigo del alma, Gustavo Vargas, "Choby".

A Juanita Hernández Martínez, por ser una constelación bonita de mi madre.

A mi maestra de danza árabe, Paola Padrón Segovia, quien es una gran persona y me acercó a las diosas de Egipto; gracias por estar en mi vida.

A mi maestro de tango, Gilberto Servín Medina, por enseñarme a bailar y a vivir.

A mi perro Gael y a Marcelo, la gata de mi hijo Christian; estas dos almitas me acompañaron, una a cada lado, cuando me sentaba a escribir junto a Francesco.

A toda la gente que amo con todo mi corazón.

En los hermosos jardines del Hotel Ixtapan-Spas & Resort, ubicado en Ixtapan de la Sal, Estado de México —un lugar mágico, con más de 75 años de existencia—, encontré la inspiración para escribir este libro. Pocos lugares en el mundo reúnen el descanso para el cuerpo, la relajación para la mente y la paz para el alma. Muchas gracias, Sara Álvarez y Roberto San Román, por todo su apoyo y cariño.

Yohana García

Más títulos de Yohana García

Esta obra se imprimió y encuadernó
en el mes de octubre de 2019,
en los talleres de Impregráfica Digital, S.A. de C.V.,
Av. Coyoacán 100–D, Col. Del Valle Norte,
C.P. 03103, Benito Juárez, Ciudad de México.